Kathrinchen Zimtstern
und der Nussknackerdetektiv

Ein Adventskalender-Abenteuer für große und kleine Leute

Text Bastian Backstein

Illustration Gunter Springsguth

Husum

Vorwort

Wieder ist fast ein Jahr vergangen und die Adventszeit beginnt. Das Erzgebirge, in dem diese Geschichte ihren Anfang nimmt, verwandelt sich – wie schon seit langer, langer Zeit – in ein lichterglänzendes Weihnachtsland, in dem große und kleine Holzfiguren zum Leben erwachen. Da gibt es zum Beispiel die Nussknacker, starke Holzmänner in Uniformen, die mit ihren großen Zähnen für Respekt sorgen. Oder die Räuchermännchen, gemütliche Gesellen, die mit ihren Pfeifchen weihnachtlichen Weihrauchduft verbreiten. Auch kleine Engelchen haben im Erzgebirge ihr Zuhause. Um eines von ihnen ging es in meinem letzten Buch „Kathrinchen Zimtstern oder Die Geschichte vom verschwundenen Engelchen".

Das neugierige Engelchen Kathrinchen Zimtstern reiste mit dem Schatzsucher und Museumsdirektor Professor Schlumann nach Afrika und wurde dort vergessen. Ganz allein trat es den weiten Heimweg an. Gleichzeitig machten sich der ängstliche Nussknacker Johann von Knatterburg und der alte Räuchermann Arthur Grimmbart auf die Suche nach ihrer verschollenen Freundin. Bei diesem Abenteuer bewies Johann, dass er mutiger war, als alle dachten. Der Räuchermann Arthur Grimmbart erkrankte auf der langen Reise, aber der Wichteldoktor im Weihnachtsmanndorf half ihm glücklicherweise wieder auf die Beine.

Am Ende ging alles gut aus und Kathrinchen konnte mit all ihren Freunden das Weihnachtsfest feiern.

Das kleine Engelchen mit den Zöpfen aus Flachshaar hat seitdem viele neue Freunde gefunden – nicht nur bei sich daheim. Seine Abenteuer wurden in Familien, in Kindergärten und in Schulen vorgelesen, und ich habe mich riesig über die zahlreiche Post gefreut, die aus allen Himmelsrichtungen bei mir eintraf. Immer wieder tauchte eine Frage auf: Was erleben Kathrinchen, Johann und Arthur als Nächstes? Ich verrate euch nur so viel: Geheimnisse und Rätsel gehören zum Advent mit dazu. Das gilt für unsere Holzfreunde im Erzgebirge ganz besonders.

Nun wünsche ich euch viel Freude beim Selber-Schmökern und Vorlesen-Lassen. Vor allem aber wünsche ich euch eine schöne Weihnachtszeit.

Euer Bastian Backstein

Es weihnachtet sehr

Vom Himmel fielen Schneeflocken herab. Sie tanzten in der kalten Dezemberluft und landeten sacht auf den Gebirgskämmen, auf den Fichtenwäldern und den abgeernteten Feldern. Erst eine, dann zwei, dann drei und schließlich unzählig viele. Eine nach der anderen fand ihren Weg auf die Erde und machte es sich auf den Wegen und Straßen bequem. Schließlich legten sich die weißen Flocken auch auf die Dächer einer kleinen Stadt. Auf dem Marktplatz begrüßten sie ein festlich glänzender Weihnachtbaum, eine bunte Pyramide und viele Stände mit Bratwürsten und Kinderpunsch.

Wenn man den Markt verließ, an der Kirche vorbeispazierte und dann zwei Gassen nach links und die dritte nach rechts ging, gelangte man zu einer Schule. Dort musste man eine Drehung machen, auf den Rodelberg zusteuern und den Stadtpark mit dem Ententeich kreuzen. Danach wieder nach links, geradeaus, nach scharf rechts und ein letztes Mal um eine Kurve. Am Ende stand man schließlich vor einem Gebäude, das so hoch war wie ein Baum und so breit wie drei Autobusse nebeneinander.

In diesem Bauwerk gab es einen langen Saal und in dessen Mitte stand ein hagerer Mann, der ruhig über seinen Brillenrand schaute. Er war umgeben von Elefanten, Tigern und Antilopen. Direkt hinter dem Mann riss ein Krokodil sein Maul auf, aber er schien sich nicht im Geringsten zu fürchten. Selbst der Löwe mit der mächtigen Mähne bereitete dem Mann scheinbar keine Sorgen. Im

Es weihnachtet sehr

Gegenteil, er wirkte sogar sehr zufrieden. Mit einem Mal klatschten Kinder und Eltern, die sich rings um ihn versammelt hatten, begeistert in die Hände und riefen „Bravo, bravo!" Klick-klick-klick machte eine Kamera und ein Reporter schoss Fotos für die Zeitung. Der Mann, dem der Jubel galt, heißt Professor Schlumann und wir befinden uns im Städtischen Museum. Als Direktor des Museums weihte der Professor die jährliche Weihnachtssonderausstellung ein. Da er ein erfahrener Schatzsucher war, wusste Professor Schlumann, dass man die schönsten Kostbarkeiten oft ganz in der Nähe findet. Man muss nur genau hinsehen. Statt durch ferne Kontinente zu reisen, war er dieses Jahr im Erzgebirge von Dorf zu Dorf gezogen und hatte große und kleine Spielzeugwerkstätten besucht. Er hatte die schönsten Holztiere in seine ausgebeulte Tasche gesteckt und in das Museum gebracht. Ob Hirsch, Nilpferd oder Dromedar – alle Tiere waren aus Fichten- oder Lindenholz gedrechselt und einige sogar mit bunten Farben bemalt. Weil Professor Schlumanns Assistent Hagen Haarig nicht der Fleißigste war, hatten sie es nur in letzter Minute geschafft, alles noch rechtzeitig zu sortieren und zu beschriften. Aber nun standen Tiger, Elefanten und die anderen Tiere ordentlich in den Vitrinen und vor allem die Kinder bestaunten sie mit weit aufgerissenen Augen.

Nicht weit vom Städtischen Museum entfernt saß ein schwarzes Männlein am Fenster eines winzigen Hauses. „Professor Schlumann kommt sicher bald zurück!", sagte es, rückte sich den schwarzen Zylinder auf seinem Kopf gerade und beobachtete aufmerksam das Treiben auf den Gassen. Das Männlein war ein Pflaumentoffel und bestand vollständig aus getrockneten Pflaumen. In der vergangenen Nacht war es auf dem dunklen Dachboden – tapp, tapp, tapp – von Pappkarton zu Pappkarton gestolpert und hatte die Holzfiguren aufgeweckt, die dort den Rest des Jahres schliefen. Die bunten Männlein schmückten nun, wie immer zur Weihnachtszeit, das Wohnzimmer des Museumsdirektors.

Der Pflaumentoffel drückte nicht als Einziger neugierig seine Nase an die Fensterscheibe. Eine Schar winziger Engelchen umringte den Pflaumenmann. Jedes einzelne reckte und streckte sich, um zu sehen, was draußen passierte. Besonders neugierig schien das allerkleinste zu sein: Kathrinchen Zimtstern. Es hüpfte aufgeregt auf und ab, sodass seine Zöpfchen aus Flachshaar auf und ab wippten. „Oh, ich würde so gern auch in die Stadt gehen und etwas erleben!", flüsterte Kathrinchen ihren Freundinnen zu, die nur kicherten. Das kleine Kathrinchen Zimtstern stellte immer wieder Unfug an und geriet dabei oft in Schwierigkeiten. „Was tuschelt ihr da?", unterbrach sie Gabrielchen Stimmgabel streng. Gabrielchen Stimmgabel leitete den Engelchenchor und morgen sollten die ersten Proben für das Weihnachtskonzert am Heiligabend stattfinden. Irgendwelche Zwischenfälle oder Verzögerungen wie im vergangenen Jahr durfte es nicht geben, und so nahm sich Gabrielchen vor, ein ganz besonders wachsames Auge auf Kathrinchen zu haben. Der Nussknackergeneral von Beißer hatte ihr sein Ehrenwort gegeben, ihr dabei zu helfen. Seine Nussknackersoldaten sollten dafür sorgen, dass niemand ohne Sondererlaubnis das Wohnzimmer verließ. Auch die Räuchermännchen mit ihren Pfeifen, ein Bergmann und ein Engel sowie das musikalische Sextett, elegante Musikerinnen aus Lindenholz, hatten versprochen, gut aufzupassen. Wieder kicherte der Engelchenchor rund um Kathrinchen Zimtstern. „Was tuschelt ihr da?“, hakte Gabrielchen erneut nach und hob warnend den Taktstab. Bevor irgendjemand antworten konnte, rief der Pflaumentoffel: „Achtung! Er kommt! Er kommt! Jeder auf seinen Platz!“ Als Professor Schlumann das Wohnzimmer betrat, standen alle Holzfiguren still und reglos da – gleichmäßig verteilt in der ganzen Stube. Nur die Kerzen, die Bergmann und Engel trugen, flackerten und tauchten alles in ein geheimnisvolles Licht. Draußen wirbelten die Schneeflocken noch immer durch die Gassen, und zufrieden ließ sich der Museumsdirektor in seinen Sessel fallen. Eine ruhige und besinnliche Adventszeit begann.

Eine harte Nuss

Gabrielchen Stimmgabel, die Leiterin des Engelchenchors, war völlig aufgelöst. An Chorproben, die so wichtig für das große Konzert am 24. Dezember waren, brauchte sie jetzt gar nicht zu denken. Ihre kleinen Engelchen hüpften aufgeregt hin und her. „Wie kann das sein? Das geht doch nicht. Wir bekommen sicherlich viel Ärger!", jammerte Gabrielchen. Sie hatte sich so fest vorgenommen, in dieser Adventszeit ganz genau auf Kathrinchen Zimtstern aufzupassen – doch nur eine Minute Unaufmerksamkeit genügte und schon geriet die heile Weihnachtswelt aus den Fugen. Kurz nachdem der Professor heute Morgen in Richtung Städtisches Museum aufgebrochen war, hatte es an der Tür geklingelt. Ding-dong. Ding-dong. Als Kathrinchen gesehen hatte, wer da vor der Tür stand, war sie unter den Beinen der Nussknacker davongehuscht. Sie rutschte das Treppengeländer hinunter, flog durch die Luft und landete mit Schwung direkt auf der Klinke. Die Tür öffnete sich. Der Pflaumentoffel rieb sich verblüfft seine Pflaumenaugen, als er sah, wer nun das Wohnzimmer betrat. Das kleine Engelchen wackelte nur unschuldig mit seinen Flügelchen und versteckte sich hinter der Harfe von Laura Lindenholz, einer der schönen Musikerinnen vom musikalischen Sextett.

Die Räuchermänner, Engel und Nussknacker quasselten wild und aufgeregt durcheinander und bestaunten den ungewöhnlichen Besucher, der mit seinem Geweih die Klingel gedrückt hatte. Mitten im Wohnzimmer stand nun ein Rentier. Oder, um noch genauer zu sein: ein Rentiermädchen. Mitten im Wohnzimmer! Zwar kannten die Holzfiguren Rentiere aus dem vergangenen Jahr und doch blieben viele Fragen: „Was macht das Ren jetzt schon hier?", „Warum ist es allein?", „Kommen noch mehr?", „Was wird Professor Schlumann dazu sagen? Und was seine Haushaltshilfe Rosalinde Veilchenduft?" Und, und, und ... „Ich bin Josefine", stellte sich das Rentiermädchen schüchtern vor, doch vor lauter Fragen und Geschwatze hörte das kaum jemand.

15   Eine harte Nuss

2 „Ruhe jetzt!", donnerte plötzlich eine tiefe Stimme. „Sofort Ruhe!" Nussknackergeneral von Beißer mochte nichts weniger als Unordnung und Durcheinander. Mit seinem lauten Befehl sorgte er immerhin für augenblickliche Stille. Der Pflaumentoffel nutzte die Gelegenheit, zog seinen Zylinder und wandte sich höflich an den Gast: „Liebes Fräulein Josefine aus dem hohen Norden, wir freuen uns alle, dass du uns besuchst, aber was verschafft uns die Ehre?" Alle lauschten gespannt und das Rentier schluchzte: „Der Weihnachtsmann wurde entführt. Obwohl wir ihn überall gesucht haben, konnten wir ihn nirgends finden. Der Polizist Paul Pfeffersack hat sich auf seinem Wunschzettel gewünscht, diesen Dezember nicht auf Verbrecherjagd gehen zu müssen. Deshalb haben die Wichtel mich zu euch geschickt." Der Pflaumentoffel runzelte seine Pflaumenstirn und Josefine erzählte weiter: „Mein Vorgänger ist dieses Jahr zur Kur. Deshalb sollte ich als erstes Rentiermädchen überhaupt den Schlitten anführen, aber nun wissen wir gar nicht, ob es überhaupt Weihnachten gibt. Könnt ihr uns helfen, den Weihnachtsmann zu finden?" General von Beißer mahlte mit seinen Zähnen, während alle anderen das Rentier ratlos ansahen. „Oh!", entfuhr es da einem jungen Nussknacker. Er stand in der letzten Reihe und trug eine rot-blaue Uniform. „Oh!" Alle sahen zu dem Holzmann, der früher stets mit einem lauten „Oooooh" in Ohnmacht gefallen war. Nun trat er nur von einem Bein auf das andere. Es sah so aus, als wolle er etwas sagen. Kathrinchen krabbelte aus ihrem Versteck hinter Lauras Harfe hervor und stupste ihren Freund an: „Na los, trau dich schon! Du bist doch jetzt mutig." Johann von Knatterburg, so hieß der junge Nussknackersoldat, lief rot an, dann fasste er sich ein Herz: „Ich habe letztes Jahr auf dem Dachboden nicht geschlafen, sondern heimlich gelesen und richtig viel gelernt." Aus seiner Tasche zückte er ein Buch. Auf dem Einband stand in geschwungenen Buchstaben „Nussknacken mit Köpfchen".

General von Beißer und die anderen Nussknacker verleierten die Augen. Jeder weiß doch, dass man Nüsse mit den Zähnen knackt. Warum denn jetzt plötzlich mit dem Kopf? Johann räusperte sich und sprach weiter: „Wenn der Weihnachts-

mann verschwunden ist, ist das eine richtig harte Nuss und" – jetzt stotterte er ein bisschen vor Aufregung – „und ri-ri-richtig ha-ha-harte Nüsse knacken, also, das ist genau, was ich mir wünsche. Ich glaube, ich weiß jetzt, wie das geht."
Die hübsche Laura Lindenholz warf ihren Freundinnen vom musikalischen Sextett einen vielsagenden Blick zu. Dieser junge Nussknacker war wirklich aus ganz besonderem Holz gedrechselt.

Nach einer kurzen Beratung unter allen Holzfiguren stand es dann fest. „Fräulein Josefine", erklärte der Pflaumentoffel dem Rentiermädchen, „unser Johann von Knatterburg hilft dir als Detektiv, den Weihnachtsmann rechtzeitig wiederzufinden." Josi lächelte. „Ich helf off alle Fälle oooch", verkündete ein alter Räuchermann namens Arthur Grimmbart und blies ein Rauchwölkchen in die Luft. Der Wichteldoktor Peter Pillchen hatte dem betagten Holzmann im vergangenen Advent dringend empfohlen, weniger Fernsehen zu schauen. Stattdessen sollte er mehr seinen Holzkopf benutzen, viel Gedächtnistraining machen und Zeitung lesen. Vielleicht fand sich in den Artikeln und Nachrichten eine hilfreiche Spur? Ein weißes Lämmchen, das Arthur stets begleitete und seine alten Knochen wärmte, mähte zustimmend. Auch Kathrinchen Zimtstern rief jubelnd: „Ich bin auch dabei! Ich bin auch dabei!" „Wir auch! Wir auch!", stimmten ihre kleine Freundinnen aus dem Engelchenchor ein und wackelten begeistert mit ihren Flügelchen. Gabrielchen Stimmgabel schlug die Hände über dem Kopf zusammen: „Das darf doch alles nicht wahr sein." Noch bevor sie weitersprechen konnte, hieß es, sich unbeweglich zu machen. „Er kommt! Er kommt!", rief der Pflaumentoffel. In letzter Minute gelang es General von Beißer, für Ordnung zu sorgen und Josefine, das Rentier, in die Abstellkammer zu schieben – dann drehte sich schon der Schlüssel im Schloss. Professor Schlumann kam aus dem Museum zurück. Heute hatte die Weihnachtssonderausstellung noch mehr Besucher angelockt. Als der Professor sein Wohnzimmer betrat, standen alle Holzfiguren friedlich an ihrem Platz. Zufrieden machte es sich der Professor in seinem Sessel bequem. Die Nussknacker klapperten ein letztes Mal mit ihren großen Zähnen und der Bergmann und der Engel lächelten sich an.

Eine harte Nuss

Frühstücksschlaf im Wichteldorf

Der Nussknacker Johann von Knatterburg stellte dem Rentier Josefine heute viele, viele Fragen und notierte jede Kleinigkeit in einen Schreibblock – sogar die „Ähs!" und „Ohs!" und „Mmmhs!" –, genau, wie es sein Buch „Nussknacken mit Köpfchen" empfahl. Sein Gewehr hatte er beiseitegelegt. Stattdessen hielt er nun eine Lupe aus Professor Schlumanns Büro in den Händen und schritt nachdenklich auf und ab. Das Rentier saß in dem Sessel des Museumsdirektors und ließ den Kopf hängen. Kathrinchen Zimtstern streichelte das Rentiermädchen, an dessen Geweih ein kleines Pflaster klebte. „Sei nicht traurig, Josi", sagte das Engelchen. „Bald wirst du den Schlitten mit dem Weihnachtsmann ziehen!" Aber würde Johann bei seinen Ermittlungen wirklich erfolgreich sein? Immerhin war es sein erster Fall als Nussknackerdetektiv. Bis Heiligabend blieb nicht mehr viel Zeit. Bis dahin musste der Weihnachtsmann unbedingt wieder da sein, damit er dem Christkind helfen konnte, Geschenke zu verteilen. Sonst wären alle Kinder auf der Welt sehr enttäuscht. Mit leichtem Schauern erinnerte sich Josi an den Tag zurück, an dem er verschwunden war.

Eine Woche war inzwischen vergangen. Es hatte frisch geschneit im hohen Norden. Die ganze Nacht hindurch waren dicke Schneeflocken vom Himmel gefallen und hatten sich auf die großen Tannen gelegt. Im Weihnachtsdorf, in dem Wichtelmänner, Wichtelfrauen, Wichtelkinder, viele Rentiere und natürlich der

Weihnachtsmann selbst lebten, war man schon seit den frühen Morgenstunden auf den Beinen gewesen. In der Ablage von Verwaltungswichtel Helge Hektikmacher lagen immer noch Unmengen von unbearbeiteten Weihnachtswünschen. Helge hatte wie so oft ein grimmiges Gesicht aufgesetzt und über die unzähligen Wunschzettel geschimpft, die er sortieren musste. Berti Bärtig vom Postamt hatte sie ihm in einer Schubkarre mit Schlittenkufen gebracht. Jedes Jahr wurden es mehr und mehr.

Die Bewohner des Wichteldorfes hatten sich wie jeden Morgen an einer reich gedeckten Frühstückstafel getroffen, um gut gestärkt in den neuen Tag zu starten. Joghurt und Obst, Haselnusscreme, Früchtekonfitüre, Marmelade und viele andere Leckereien schmückten den Tisch. Die Brötchen schienen heute besonders köstlich. Doch nach dem Frühstück war niemand zurück in die Spielzeugwerkstatt, die Bonbonfabrik oder die Lebkuchenbäckerei gegangen. Stattdessen waren alle an der Tafel müde geworden. Alle hatten ihre Münder gähnend aufgerissen und waren innerhalb kürzester Zeit in einen tiefen Schlaf gefallen. Die Wichtel und der Weihnachtsmann träumten von früher, als es noch ruhiger zugegangen war und sich die Kinder über Apfelsinen und Bauklötze gefreut hatten und noch keine Computer, sprechende Puppen, funkferngesteuerte Hubschrauber oder die modernsten Fahrradmodelle auf den meterlangen Wunschzetteln standen. Sogar Helge Hektikmachers strenge Miene wich einem sanften Lächeln. Er hatte – mit dem Kopf auf einem Honigbrötchen liegend – begonnen, leise zu schnarchen. Auch aus dem Rentierstall und Doktor Peter Pillchens Wichtelkrankenhaus drang ruhiges und gleichmäßiges Atmen und gelegentlich ein verschlafener Grunzer.

Als die Wichtel und Rentiere nach drei Stunden aufwachten, war der Platz des Weihnachtsmanns leer. Was für ein Schreck! Ein besonders klein gewachsener

Wichtel namens Sören Wollstrumpf entdeckte vor dem Haus fremde Fußspuren. Sie waren tief im Schnee versunken. Derjenige, dem sie gehörten, musste etwas sehr Schweres getragen haben. Neben dem Holzstapel am Heizungskeller der Lebkuchenbäckerei fand Sören noch eine fast leere Packung Spinatdrops, die der Weihnachtsmann immer gerne gelutscht hatte. Es war die einzige Spur und die Wichtel standen vor einem Rätsel.

Vor einem Rätsel stand am Nachmittag in unserer kleinen Stadt auch Rosalinde Veilchenduft, die Haushaltshilfe von Professor Schlumann. Die mollige Dame in ihrem rosa Strickpullover kam mehrmals die Woche in die Wohnung, um zu kochen und sauberzumachen. Unsere Holzfiguren standen längst wieder schweigend auf ihrem Platz und Josefine versteckte sich in der engen Abstellkammer. „Wo kommen die nur her?", wunderte sich die Dame, als sie die vielen braunen Haare auf dem Sessel entdeckte. Sie zupfte jedes einzelne ab und schüttelte ratlos den Kopf. „Vielleicht wissen ja meine Freundinnen, was man dagegen tun kann", piepste sie und dachte mit Vorfreude an das nächste Kaffeekränzchen. Dann wackelte sie in die Küche, um Makronen, Nussecken und Zimtsterne zu backen. Dass es in der Stube nicht nur Haare gab, sondern auch ziemlich stark nach Rentier roch, bemerkte Rosalinde glücklicherweise nicht. Arthur Grimmbart und die anderen Räuchermänner hatten massenhaft Räucherkerzen gerauht und so lag – neben den vielen ungeklärten Fragen – nur Weihrauchduft in der Luft. Er vermischte sich bald mit dem verführerischen Geruch ofenfrischer Plätzchen.

Thorolf Weißbart

In allen Ecken des Weihnachtsdorfes hobelten, nagelten, leimten die Wichtel; es wurde gerührt, gebacken und gekocht. Nur Sören Wollstrumpf musste mit einer Schaufel, die ihn dreimal überragte, Schnee schippen. Mit einem flauschigen Wollschal um den Hals und warmen Fäustlingen an den Händen machte er schwitzend und schnaufend den Weg für die anderen frei. Ein alter, erfahrener Wichtel namens Thorolf Weißbart leitete nach dem mysteriösen Frühstücksschlaf das Weihnachtsdorf. Thorolf trug einen sehr, sehr langen Bart, den er über die Schulter legen musste, da er sonst schmutzig geworden wäre. „Der Weihnachtsmann taucht wieder auf und dann müssen alle Geschenke fertig sein", sprach Thorolf oft. „Auch wenn das jetzt eine schwere Zeit für uns ist, müssen wir genauso fleißig anpacken wie sonst auch." Seine kleinen Kollegen nahmen sich seine Worte zu Herzen und arbeiteten noch unermüdlicher. Wie in einem Ameisenhaufen ging es im Weihnachtsdorf zu. Nur das fröhliche Pfeifen und Lachen, das sonst die Arbeit begleitet hatte, fehlte. Alle hofften still, dass das Rentier Josefine, das sie in die kleine Erzgebirgsstadt geschickt hatten, erfolgreich sein würde.

Während die Wichtel im hohen Norden eifrig arbeiteten, waren auch die Holzfiguren in unserer kleinen Wohnung nicht untätig. Gabrielchen Stimmgabel probte mit dem Engelchenchor für das Konzert am 24. Dezember. Alle Engelchen trugen weiße Kleidchen, ihre Zöpfe schmückten blaue Schleifchen. Laura Lindenholz und das musikalische Sextett begleiteten den Gesang mit Harfe, Violine und Cello. In der ersten Reihe des Chores stand unser Kathrinchen Zimtstern. Es zappelte unruhig hin und her. „Liebes Fräulein Zimtstern", ermahnte Gabrielchen die kleine Sängerin streng, „bitte konzentriere dich! Du hast immerhin letztes Jahr alle Proben verpasst!" Kathrinchen Zimtstern seufzte. Sie musste ihre Stupsnase in ein Liederbuch stecken und die immer gleichen Lieder üben, dabei wollte sie viel lieber helfen, den Weihnachtsmann zu finden. Arthur Grimmbart schmunzelte still, als er den Chor beobachtete. Er hatte seine Pfeife heute mit Räucherkerzen der Marke „Tannenduft" gestopft und paffte friedlich vor sich hin. Gemeinsam mit seinem kleinen Schaf durchblätterte er die verschiedenen Zeitungen und Magazine, die auf dem Tisch neben Professor Schlumanns Sessel lagen. „Präsident aus Bankistan besucht Hauptstadt", „Regierung verschenkt Sparschweine" und „Neuer Film mit James Blond im Kino" – so lauteten die Nachrichten des Tages. Der einzige Artikel, den Arthur interessant fand, beschäftigte sich mit der Weihnachtssonderausstellung im Museum. Es gab davon sogar ein Foto im Städtischen Anzeiger. Als es sich der Holzmann genau anschaute, entdeckte er darauf Professor Schlumann, der lachend dem Bürgermeister die Hand schüttelte. Viele Kinder und Erwachsene umringten die beiden. Schon in wenigen Tagen hatten mehr als 300 Besucher die Ausstellung mit den Holztieren angeschaut. Die hölzernen Elefanten, Tiger und Antilopen begeisterten alle – von den Kindergartenkindern bis hin zu den Omas und Opas, hieß es in der Zeitung. Nur in einem Leserbrief, der unter dem Artikel abgedruckt war, beschwerte sich jemand. Diese Tiersammlung sei winzig und überhaupt nichts Besonderes. Das könne man deutlich besser und spektakulärer machen. So jedenfalls sei es eine Schande. „Irgendeener meckort immor", dachte sich Arthur Grimmbart, als er das las. Seine Holzstirn kräuselte sich. Er blätterte zur nächsten Seite und stopfte sich ein weiteres Pfeifchen. Rauchwölkchen um Rauchwölkchen stieg Richtung Zimmerdecke. Hinweise auf den verschwundenen Weihnachtsmann fand er leider nirgends. Seine Augen waren nicht mehr die besten. Das Lesen strengte ihn an und so schlummerte er schließlich auf dem Zeitungsstapel ein. „Mähhh, mähhh", blökte sein Lämmchen. Mit seinem Schnäuzchen raschelte es im Papier und knabberte den Städtischen Anzeiger an.

Johann von Knatterburg befragte unterdessen wieder Josefine, das Rentiermädchen. So langsam fiel ihm aber einfach nichts mehr ein. Der junge Nussknacker blätterte in seinen krakeligen Mitschriften, las sie wieder und wieder durch und knirschte laut mit seinen Zähnen. Dann erhob er sich und begann auf und ab zu gehen. Auf und ab und auf und ab. Manchmal blieb er kurz stehen und schlug

Thorolf Weißbart

etwas in seinem Buch „Nussknacken mit Köpfchen" nach, verglich es mit seinen Notizen und ging dann weiter auf und ab und auf und ab. Josi, der Pflaumentoffel und General von Beißer beobachteten ihn neugierig dabei. „Ob er so wirklich eine harte Nuss knacken kann?", überlegte der Nussknackergeneral. Er bezweifelte das. Johann von Knatterburg überflog erneut seine Notizen. Knifflig, knifflig, knifflig. Er kaute mit seinen Nussknackerzähnen auf dem Bleistift herum und murmelte etwas vor sich hin. Dann wurde er ganz still. Und dann, dann kam ihm ein ganz schlimmer Verdacht! „Oh!" Der Weihnachtsmann war im Wichteldorf entführt worden. Dort lebten nur Wichtel. „Was, wenn ... ? Aber das kann ja gar nicht sein." Der Nussknackerdetektiv zupfte seine rot-weiße Uniform gerade, biss sich auf die Unterlippe und fasste einen Entschluss.

Der Pflaumentoffel und die Pyramide

In der kleinen Stadt, in der Kathrinchen, Arthur und Johann zu Hause sind, suchten ganz früher Bergleute tief in der Erde nach Silber und anderen Schätzen. Sie zogen die schweren Steine selbst mit einer Handhaspel nach oben und mussten sich mächtig dabei anstrengen. Als die Eimer jedoch immer schwerer und schwerer wurden, überlegten die Männer sich, wie es wohl leichter gehen könnte. Schließlich hatten sie einen Einfall – und konstruierten eine runde Holzhütte mit spitzem Dach. Das Besondere daran war: in der Holzhütte gingen Pferde im Kreis herum. Die Pferde bewegten eine Kurbel und an einem Seil zogen sie die schwere Last aus der Tiefe ans Tageslicht. Die Bergleute nannten ihre Erfindung Pferdegöpel und freuten sich darüber, weil sie ihre Arbeit viel einfacher machte. Der Pferdegöpel brachte die Männer sogar auf noch eine gute Idee und sie erfanden die Weihnachtspyramide. Sie sah fast genauso aus, wurde aber von Kerzen angetrieben, und statt der Pferde drehten sich nun bunte Holzfiguren im Kreis.

Wie fast jeder im Erzgebirge besaß auch Professor Schlumann eine Weihnachtspyramide, aber irgendwie sah sie heute anders aus. Noch gestern Abend hatte Johann von Knatterburg dem Pflaumentoffel erzählt, dass er ins Wichteldorf reisen wolle und dafür Hilfe bräuchte. Der Pflaumenmann hatte sich direkt ans Werk gemacht. Da er nicht mehr – wie im vergangenen Jahr – bei den Chorproben singen musste, verfügte er über genügend freie Zeit. Zuerst überredete er

Der Pflaumentoffel und die Pyramide

die bunten Holzmännlein, die normalerweise auf der Pyramide ihre Runden drehten, sich ein anderes Plätzchen zu suchen. Dann hatte er gerechnet und gezeichnet und danach die ganze Nacht hindurch geschraubt, gesägt und geklebt. Drei Räuchermännchen, ein Spielzeugmacher, ein Schmied und ein Tischler, gesellten sich zu ihm und halfen dabei. Heute nun präsentierte der Pflaumentoffel Johann stolz das Ergebnis der nächtlichen Bastelei: den ersten Weihnachtspyramiden-Hubschrauber der Welt! „Damit kommst du – wie gewünscht – schnell und sicher ins Weihnachtsmanndorf", versprach der Pflaumentoffel. Der junge Nussknacker stakste zögernd um die seltsame Pyramide herum. „Oh, interessant." Dann kletterte er mit klappernden Zähnen in das seltsame Flugobjekt. Der Toffel erklärte ihm, wie es funktionierte. Obwohl es sehr eng war, schien alles gut durchdacht. Es gab sogar einen Steuerknüppel. Johanns Zähneklappern ließ ein wenig nach.

Eine halbe Stunde später schwebte der Weihnachtspyramiden-Hubschrauber mit Johann an Bord durch das offene Fenster hinaus in die winterliche Kälte. Die Kerzen der Pyramide brannten und die Flügel der Pyramide drehten sich gleichmäßig. Langsam, aber sicher gewann die Konstruktion an Höhe. „Häddsch ni gedacht, dass de Peremett würklisch flieschn dud", staunte Arthur Grimmbart und dem Pflaumentoffel schwoll vor Stolz die schwarze Pflaumenbrust. Die fliegende Pyramide erreichte die Regenrinne des Schlumann'schen Hauses und schwebte am verschneiten Dachsims vorbei. Als Johann die Dächer der Stadt überstieg und merkte, dass es keine Probleme gab, hörte sein Zähneklappern ganz auf. Der Nussknacker machte es sich, so gut es ging, auf der Pyramide bequem, legte sich seine Lupe auf den Schoß und nahm Kurs Richtung Norden, Richtung Tatort, auf. Unten, auf der Erde, drängten sich seine Freunde winkend ans Fenster und staunten darüber, wie Johann von Knatterburg immer kleiner und kleiner wurde. Selbst in den Nachbarhäusern drängten sich Holzmännlein

5 mit offenen Mündern ans Fenster. „Nussknacker, komm bald wieder!", trällerte der Engelschor. Laura Lindenholz zupfte verträumt an ihrer Harfe. Was für ein unglaublicher Holzmann! Alle Blicke waren gen Himmel gerichtet. Auch Josi hatte nur Augen für den Hubschrauber. Sie wäre gern in ihre Heimat, den hohen Norden, zurückgekehrt, aber Johann war dagegen gewesen. In der Stadt und in der Abstellkammer sei es sicherer für sie als im Wichteldorf, hatte der Nussknacker zum Abschied gesagt. Der ungewöhnliche Hubschrauber erreichte die Winterwolken. Keiner der Holzmänner schaute nach unten auf die Straße. So bemerkte niemand die dunkle Gestalt, die um das Haus schlich.

Als der Weihnachtspyramiden-Hubschrauber am Himmel verschwunden war, widmeten sich der Räuchermann Arthur Grimmbart und sein Schäfchen wieder der Zeitungslektüre. „Weniger Babys – Hebammen langweilen sich und trinken Tee", lautete heute die wichtigste Schlagzeile. Hinweise auf den verschwundenen Weihnachtsmann suchte man vergebens. Während Arthur las und froh vor sich hin paffte, probte Gabrielchen Stimmgabel wieder mit ihrem Chor. Die Engelchen sangen artig und diszipliniert die Weihnachtslieder. Plötzlich stutzte Gabrielchen Stimmgabel. „Ich habe es doch kommen sehen", jammerte sie und ließ den Taktstab fast aus der Hand fallen. Kathrinchen Zimtstern fehlte. „Das kann doch nicht wahr sein", seufzte der Pflaumentoffel. „Wirklich unglaublich, dieses kleine Ding", meinte Laura ein wenig neidisch. Das Engelchen hatte es tatsächlich geschafft, sich heimlich auf den Weihnachtspyramiden-Hubschrauber zu schmuggeln. Ganz ohne Nussknacker-Sondergenehmigung. Der Nussknackergeneral von Beißer knirschte mit seinen großen Zähnen. „Das ist meine Schuld", gestand er. Er hatte Gabrielchen Stimmgabel sein Nussknackerehrenwort gegeben, dieses Jahr ganz genau auf Kathrinchen aufzupassen. Doch die

Erfindung des Pflaumentoffels hatte ihm so sehr gefallen, dass er von einer fliegenden Nussknackerstaffel geträumt hatte. Ha, das wäre etwas! Statt Kathrinchen zu bewachen, hatte sich General von Beißer glitzernde Orden und Abzeichen für mutige Nussknackerpiloten vorgestellt.

Überraschung zum Nikolaustag

Am frühen Morgen des sechsten Dezember war es draußen noch kalt und dunkel. Auf den Hausdächern lag eine dünne Schicht Neuschnee, die wie Zucker glitzerte und glänzte. Ein einsamer Schneepflug kämpfte sich durch die spärlich beleuchteten Straßen. Die junge Engelsdame Laura Lindenholz stand als Erste auf und tänzelte in einem Seidennachthemd durch die Wohnung. Plötzlich blieb sie stehen und schaute erstaunt auf Josefine, das Rentiermädchen. Josi hatte schlecht geträumt und kam deshalb zeitig aus ihrem Versteck, der engen Abstellkammer. Ihre Ohren waren eingeknickt und eine Träne kullerte aus ihrem rechten Auge. Laura stellte ihr ein Schüsselchen Honigmilch hin. Als das Rentier leise in die Schüssel zu schluchzen begann, sagte sie: „Na komm, wir Mädchen müssen doch zusammenhalten. Warum weinst du denn?" Josi schniefte: „Wenn nun der Weihnachtsmann verschwunden bleibt … dann bekommen die vielen Kinder gar keine Geschenke. Dabei hatte ich mich so gefreut, dieses Jahr als erstes Rentiermädchen überhaupt den Schlitten anzuführen." Josefine schniefte in ein rosa Tuch, das Laura ihr entgegenstreckte. „Und jetzt ist auch noch euer Kathrinchen weggelaufen – und das ist alles meine Schuld." „Ach, Josefine!", sagte Laura und streichelte das braune Tier: „Mach dir keine Gedanken. Das kleine Kathrinchen ist schon immer ein unartiger Wirbelwind gewesen. Du solltest sie mal bei den Chorproben erleben. Aber sie hat ein großes Herz und immer viel Glück. Ihr passiert ganz bestimmt nichts. Und Johann von Knatterburg ist ein mutiger und schlauer Nussknacker. Er lüftet ganz sicher das Geheimnis um den verschwundenen Weihnachtsmann. Und jetzt, liebe Josi, jetzt lächelst du wieder. Wir setzen uns erst einmal auf das Sofa und frühstücken in Ruhe." Josefine stupste Laura mit der Nase an und schlürfte weiter ihre Milch.

Nach und nach wurde es draußen hell. Leben kam in unsere Stadt und die sanften Sonnenstrahlen weckten die anderen Holzfiguren auf. Die Räuchermännchen pafften noch im Schlafanzug ihr erstes Pfeifchen. Die Nussknacker stellten sich in Reih und Glied auf. „Auf mein Kommando, fertig, los", befahl General von Beißer und im selben Takt – eins, zwei, drei – putzten die Holzmänner gründlich ihre großen Zähne. Bald blitzten sie genauso strahlend weiß wie der frische Schnee. Die Engelchen zupften sich ihre Zöpfchen gerade und wackelten, um munter zu werden, mit ihren Flügeln. Gabrielchen Stimmgabel hatte sich wieder etwas beruhigt und hoffte, dass Johann gut auf Kathrinchen aufpassen würde. Weil heute Nikolaustag war, warteten auf alle kleine Geschenke in ihren Schuhen und Stiefeln. Kathrinchens Freundinnen freuten sich über süße Bonbons, Marzipan, aber auch rotbackige Äpfel und duftende Orangen. Kichernd holten sie die Leckereien aus den Schühchen und teilten und tauschten sie untereinander. Den Nussknackern lief das Wasser im Mund zusammen, als sie in ihre Stiefel sahen, die sie gestern mit extra viel Schuhcreme gewienert hatten: Haselnüsse, Walnüsse, Nüsse aus fernen Kontinenten, aus Amerika und aus Afrika. Ja, sogar Nüsse aus China fanden sich darin. Knack-knack-knack schallte es durch die Wohnung.
Für die Räuchermännchen gab es heute besonders gut duftende Räucherkerzen. „Die kannsch sehr gut gebrauchn", freute sich Arthur Grimmbart und füllte seine Ledertasche auf. Zufrieden streichelte er sein kleines Schaf. Auch wenn das Lämmchen und Josefine keine Schuhe hatten, gab es für sie eine Überra-

schung. Ein Büschel Klee lag für das Schaf bereit und Josefine entdeckte ein Paar rot-weiß gestreifte Strümpfe für sich, gefüllt mit duftendem Heu. Als sie daran knabbern wollte, fiel ein zusammengefalteter Zettel heraus. Da Rentiere nicht lesen können, schnüffelte Josi daran. Der Geruch erinnerte sie an Schneehasen, die durch die Winterlandschaft des hohen Nordens hoppelten. Der Pflaumentoffel tappte herbei und untersuchte den Zettel. Die Buchstaben waren kunterbunt und es gab zahlreiche Farbkleckse. Mit Mühe und Not entzifferte der Pflaumenmann die Botschaft und las dem Rentier laut vor: „Josefine, pass gut auf dich auf. Du schwebst in großer Gefahr. Viele Grüße. Dein O. H."

Johanns schlimmer Verdacht

Als Johann von Knatterburg entdeckte, dass seine kleine Freundin Katrinchen Zimtstern sich hinter ihm versteckt hatte, fiel er vor Schreck fast aus dem Weihnachtspyramiden-Hubschrauber. „Ich könnte doch dein Schutzengelchen sein", schlug Kathrinchen mit Unschuldsmiene vor und blinkerte mit ihren Äugelein. Johann war einverstanden. Eigentlich freute er sich, dass er nicht allein in den hohen Norden fliegen musste. „Aber du bleibst immer in meiner Nähe", sagte er so streng wie möglich und Kathrinchen versprach es ihm felsenfest. Unter den beiden Piloten zogen weiße Wälder und gefrorene Seen vorbei. Friedlich und ruhig sah alles von oben aus. Das kleine Engelchen und der Nussknackerdetektiv ahnten nichts von der Nachricht, die Josefine erhalten hatte.

Nach vielen Flugstunden entdeckten die zwei das Weihnachtsmanndorf am Horizont und setzten zur Landung an. Kathrinchen pustete Kerze um Kerze aus und langsam schwebte der Hubschrauber Richtung Erde. „Festhalten", sagte Johann und dann – hops – setzte das Gefährt auf festem Boden auf. Sie hatten ihr Ziel erreicht. Die Wichtel Thorolf Weißbart, Sören Wollstrumpf und Helge Hektikmacher begrüßten die Gäste. Wie immer schaute Helge ziemlich grimmig drein. Die Wichtel brachten die Neuankömmlinge in Thorolfs Haus. Auf dem Weg dorthin stapfte die kleine Gruppe durch die abendliche Winterlandschaft. Viele Blockhütten säumten den Weg. Aus den Schornsteinen stiegen zuckerwatteweiße Rauchwolken auf. Leuchtende Kerzen und bunte Ampeln schmückten die Fenster. Am Himmel glitzerten die Sterne. Kathrinchen Zimtstern erinnerte

7 sich, wie sie im vergangenen Jahr das erste Mal hier gewesen war. Damals hatten alle Wichtel sie lieb und herzlich behandelt und Kathrinchen hatte die winzigen Männer für die nettesten Leute auf der ganzen Welt gehalten.

In Thorolf Weißbarts Haus setzten sich unsere Freunde und die Wichtel an einen robusten Holztisch. Thorolfs Frau, eine herzensgute Wichtelseele, brachte fünf Töpfe mit duftendem Kräutertee und einen Teller voller dicker Butterschnitten mit Käse. Für Kathrinchen gab es leckere Zimtsterne zum Knabbern. Sie schmecken fast so gut wie die von Rosalinde Veilchenduft, dachte Kathrinchen und leckte sich die Lippen. Im Kamin loderten und knackten große Holzscheite.

„Haben Sie schon eine Vermutung, wer hinter der Entführung des Weihnachtsmannes stecken könnte, Herr Nussknackerdetektiv?", fragten die Wichtelmänner Sören Wollstrumpf und Helge Hektikmacher wie aus einem Mund. Johann von Knatterburg hob die Augenbrauen, schaute zunächst die beiden, dann Thorolf Weißbart mit ernster Miene an. Er bekam seine Zähne nicht auseinander – es war, als ob sie aneinanderklebten. „Na los, es muss sein!", stupste ihn Kathrinchen an, die bereits von Johanns Verdacht wusste. Johann gab sich einen Ruck. „Nun", zögerte er und hatte ein bisschen Angst weiterzureden, „ich befürchte, dass wir den Entführer – oder zumindest einen Komplizen – hier suchen müssen." Er machte eine Pause. „In diesem Dorf. Unter den Wichteln." Sören Wollstrumpf fiel fast das Käsebrot aus dem Mund und Thorolf Weißbart sah den Nussknacker mit aufgerissenen Augen an. „Wie bitte?" Helge Hektikmacher lief rot an und war empört: „Was bildet sich der Herr von Knatterburg ein? So jemand nennt sich Detektiv?" Der Wichtel schlug mit der Faust auf die Tischplatte. „Wir rackern hier Jahr für Jahr, damit jedes Kind zu Weihnachten

Johanns schlimmer Verdacht

glücklich wird, und was ist der Dank? Als Verbrecher stempelt man uns ab."
Der Wichtel zauste an seinem Bart. „Es wäre besser gewesen, wenn wir Josefine
gar nicht losgeschickt, sondern doch die Polizei gefragt hätten. Die hat wenigs-
tens Ahnung." Johann räusperte sich, als hätte er alles überhört, und fuhr be-
dächtig fort: „Nach allem, was ich weiß, konnte nur ein Wichtel bei jenem
Frühstück etwas ins Essen mischen und so alle betäuben." Thorolf Weißbart
wollte dies nicht so recht glauben, auch die beiden anderen schüttelten ungläubig den Kopf. „Gibt es sonst eine Erklärung?", fragte der Nussknacker. Die Antwort war Schweigen. Auch Kathrinchen Zimtstern sagte nichts. Sie mochte die
Wichtel sehr, sehr gern, aber ihr Freund Johann war ein schlauer Holzmann.
Unsinn hatte er noch nie erzählt.

Der Nussknacker und das Engelchen wurden im Gästezimmer des Wichtelhau-
ses einquartiert. „Morgen zeige ich euch den Tatort und die verschiedenen Werkstätten in unserem Dorf", sagte Thorolf Weißbart, bevor sich Johann und
Kathrinchen schlafen legten. Er strich sich durch seinen langen Bart: „Ich wünsche mir so sehr, dass ihr den entführten Weihnachtsmann bald findet." Dann
schloss er die Tür, stocherte ein wenig in der Glut herum und legte sich ebenfalls
schlafen.

Der geheimnisvolle Anruf

Klingeling-klingeling. Laut und schrill klingelte das Telefon in der Schlumann'schen Wohnung. Klingeling-klingeling. Der Professor kümmerte sich wieder im Museum um die Weihnachtssonderausstellung und Rosalinde Veilchenduft kam erst am Nachmittag zum Putzen. Das Telefon klingelte deshalb

8 weiter. Klingeling-klingeling. „Kann mor denne hier ni ämal in Ruhe Zeidung lesen?", beschwerte sich Arthur Grimmbart und unterbrach seine Lektüre. Klingeling-klingeling. Obwohl es für Holzfiguren eigentlich verboten ist, nahm Arthur Grimmbart schließlich den Hörer ab. „Wär iss doa?", fragte er. Sein Schäfchen hustete. Weil Arthur beide Hände für den riesigen Telefonhörer brauchte, hatte er ihm die Pfeife in den Mund gesteckt. Der Räuchermann vernahm eine seltsam verzerrte Stimme aus dem Telefon: „Josefine soll in zwei Tagen um Mitternacht unter der alten Eisenbahnbrücke erscheinen. Allein." Noch bevor der überraschte Räuchermann etwas erwidern konnte, legte der unbekannte Anrufer auf. „Tut-tut-tut-tut ...", drang es aus dem Hörer. „Jetzte wird's todall vorrüggt", meinte Arthur zu Josefine, die neugierig herübergetrabt war. „Erst der komsche Zeddel am Nigolausdach und nu ooch noch das." „Was machen wir jetzt am besten?", fragte der Pflaumentoffel. „So tun, als wäre alles in Ordnung, und für das Weihnachtskonzert proben", schlug Gabrielchen Stimmgabel vor. Niemand schien von diesem Vorschlag begeistert zu sein. Die Holzfiguren schauten sich ratlos an.

Kathrinchen Zimtstern und Johann schauten sich in diesem Augenblick ebenfalls ratlos an. Die Situation war verzwickt. Diese Nuss zu knacken, das wusste Johann jetzt ganz sicher, war schwieriger als gedacht. Wie sollten sie unter den vielen, vielen Wichteln den Schuldigen finden? Thorolf hatte den beiden bereits den Frühstückssaal gezeigt und der Nussknackerdetektiv untersuchte alles ganz genau. Mit seiner Lupe nahm er den Stuhl des Weihnachtsmanns gründlich in Augenschein. Nun führte der Oberwichtel Thorolf seine Gäste von Werkstatt zu Werkstatt. Wenngleich etwas Unbehagen in der Luft lag, begrüßten die Wichtel den Holzdetektiv und seine kleine Freundin überall zuvorkommend und höflich. In der Spielzeugwerkstatt roch es nach frischem Holz und Farbe. Bärtige

Männchen schnitzten, sägten, hobelten, hämmerten und leimten unermüdlich. Steckte einer von ihnen hinter der Entführung? Johann entdeckte Sören Wollstrumpf. Der Wichtel kehrte mit einem riesigen Besen, doppelt so hoch wie er, Sägespäne zusammen. Es stiebte. Als er Thorolf, Kathrinchen und den Nussknacker bemerkte, winkte er ihnen zu. Er arbeitete aber gleich weiter, als Lars Leimknödel ihn streng über seinen Brillenrand anfunkelte. Leimknödel war der Chef der Abteilung für Holzeisenbahnen und sollte im nächsten Jahr vielleicht sogar zum stellvertretenden Leiter der gesamten Spielzeugfabrik befördert werden. Johann notierte sich das, und dann gingen sie weiter.

Auch in der Lebkuchenbäckerei herrschte reges Treiben. Besonders ein Wichtel mit einem rötlich schimmernden Bart und Sommersprossen knetete den Teig, als gelte es Rekorde zu brechen. „Siggi Sauerteig ist einer der fleißigsten", erklärte Thorolf leise seinen hölzernen Begleitern. „Er arbeitet für zehn und versucht immer, allen eine Freude zu machen. Seit der Weihnachtsmann weg ist, redet er kaum noch und verlässt so gut wie nie die Backstube. Die Sache geht ihm ziemlich zu Herzen." Thorolf strich sich über seinen weißen Bart, den er wie immer über der Schulter trug. „Kommen Sie, Herr von Knatterburg, gehen wir weiter! Es gibt noch viel mehr zu inspizieren." Der alte Wichtel führte den Nussknacker und das Engelchen zur Bonbonfabrik. Kathrinchen fand besonders den Beruf des Bonbontesters sehr interessant. Die Bonbontester-Wichtel saßen einfach nur da, lutschten eine Süßigkeit nach der anderen und vergaben Schulnoten dafür. Das Engelchen wäre gern noch geblieben, doch es gab noch einiges zu sehen und so liefen sie weiter. Zunächst zum Wichtelkrankenhaus, wo Johann sich von Doktor Peter Pillchen alle Krankenakten zeigen ließ, und dann zur Fabrik für Elektronikartikel. Dort wuselten Unmengen von Wichteln mit angesengten Haaren herum. Hier und da leuchtete einer von ihnen auf, wenn er einen Kurzschluss verursachte. Danach waren die Haare meist noch ein wenig angekokelter. Schließlich und endlich statteten sie auch dem Rentierstall noch einen Besuch ab. Die Tiere vermissten ihre Freundin Josefine und knabberten mit hängenden Köpfen am Heu.

Am Abend lagen Johann und Kathrinchen erschöpft in ihren Betten. Während Kathrinchen schnell einschlief und träumte, wälzte sich Johann unruhig von einer Seite auf die andere. Nach dem Rundgang mit Thorolf hatte er jeden Wichtel einzeln befragt. Es hatte eine lange Warteschlange gegeben. Jeder Wichtel musste dem Nussknackerdetektiv mehr als fünfzehn Fragen beantworten und Johann schrieb jedes einzelne Wort in seinen Notizblock. Seine Holzfinger taten ihm weh und auch sein Holzkopf kam nicht zur Ruhe. Immer wieder dachte er auch an das Pflaster an Josis Geweih. Johann von Knatterburg grübelte und grübelte. Er hatte das Gefühl, dass er hier auf keine neuen Erkenntnisse stoßen könnte. Morgen würden sie mit dem Hubschrauber zurück in die Stadt fliegen. Der Mond schien durch das winzige Fenster. Irgendwo draußen, im sanft rauschenden Wald, heulte ein Wolf. Endlich übermannte auch den Nussknacker der Schlaf – und so hörte er nicht, dass zwei dunkle Schatten durch das nächtliche Weihnachtsdorf schlichen. Ganz leise – trippel trappel, trippel trappel.

Ein zauberhaftes Pulver

Der blaue Himmel strahlte, die Sonne lachte und die verschneite Landschaft glänzte. Ein paar Vögelchen balgten sich vor Thorolfs Haus um einen Meisenknödel. Johann von Knatterburg legte fein säuberlich seinen karierten Schlafanzug zusammen, putzte sich die Zähne und schlüpfte in seine rot-blaue Uniform. Kathrinchen Zimtstern machte ein paar Kniebeugen und kämmte ihre blonden Flachshaare. Heute wollten die beiden aus dem Weihnachtsdorf abreisen. Johann hatte alle Wichtel befragt, nun gab es hier nichts mehr zu tun. Vielleicht war Arthur Grimmbart auf eine Spur gestoßen? Er sollte ja in den Zeitungen nach verdächtigen Nachrichten die Räuchermannaugen offen halten. Nach dem Frühstück begleitete Thorolf Weißbart Johann und Kathrinchen zu dem Weihnachtspyramiden-Hubschrauber. Er stand auf einer freien Lichtung vor dem Dorf. Als sie ankamen, erlebten sie eine böse Überraschung. „Oh, oh, oh!", entfuhr es Johann und er schwankte. Im allerletzten Moment fiel ihm noch ein, dass er jetzt ein mutiger Detektiv war und kein ängstlicher Holzmann mehr, der bei jeder Kleinigkeit in Ohnmacht fiel. „Oje, oje", jammerte auch Kathrinchen und flatterte aufgeregt mit ihren Flügelchen. Jemand hatte sämtliche Kerzen des Weihnachtspyramiden-Hubschraubers zerknickt, die Pyramidenflügel abgebrochen und auch sonst alles kaputt gemacht, was sich kaputt machen ließ. Außerdem stank es ein bisschen. Kathrinchen rümpfte ihre kleine Nase. „Das gibt's doch nicht!", knirschte der Nussknacker laut mit seinen Zähnen. „Da hat uns aber jemand einen ganz üblen Streich gespielt. Nach Hause kommen wir damit nicht mehr." Er durfte gar nicht daran denken, was die Pyramidenmännchen und der Pflaumentoffel dazu sagen würden.

Der Nussknackerdetektiv beobachtete, wie sich Thorolf Weißbart unentwegt durch seinen langen Bart strich. Er machte sich eine Notiz. Dem Oberwichtel schien die ganze Sache sichtlich unangenehm. „Ihr könntet auf einem Rentier zurück in die Stadt fliegen", bot Thorolf nach einiger Überlegung an. Thorolf schickte Sören Wollstrumpf los, um eins aus dem Stall zu holen. Der kleine Wichtel flitzte davon und kam schon bald aufgeregt zurückgerannt. „Jemand ist im Rentierstall eingebrochen!", rief er schon von Weitem. Er war völlig außer Atem. Johanns Miene verfinsterte sich, aber er sagte vorerst nichts. Wie sich herausstellte, war den Rentieren nichts passiert. Nur ein wackeliger Holzschrank, in dem die Wichtel das Pulver „Flieg-wie-nix" aufbewahren, war mit Gewalt geöffnet worden. Von dem Pulver „Flieg-wie-nix", das man über Rentiere streuen muss, damit sie fliegen können, war nichts mehr da. Nicht ein einziges Krümelchen. Die Heimreise musste wohl ausfallen. Ratlos standen Kathrinchen, Johann, Thorolf Weißbart und der kleine Sören Wollstrumpf da, während die Rentiere auf ihrem Heu herumkauten. „Hier will uns jemand mit Absicht festhalten, Johann", flüsterte Kathrinchen ihrem Freund in sein Holzohr. „Ich weiß", sagte er. So etwas durfte sich niemand mit Nussknackern erlauben – auch nicht, wenn sie wie Johann aus Espenholz gedrechselt waren. „Wir besorgen uns neues Flugpulver", beschloss der Holzdetektiv.

Thorolf Weißbart verriet unseren Freunden, dass es das Pulver „Flieg-wie-nix" nur noch weiter oben im Norden, in der Höhle Jontunheimen gab – bei den Trollen. Trolle kennen sich mit allerlei zauberhaften Kräutermischungen aus und betreiben Handel damit. „Wir brauchen einen Wichtel, der den Weg kennt und

Ein zauberhaftes Pulver

uns hinführen kann", sagte Johann zu Thorolf Weißbart. „Ich kann zurzeit kaum einen Wichtel entbehren", gab dieser zu bedenken, „die Weihnachtsgeschenke-produktion läuft auf Hochtouren und wir benötigen jede Hand." Doch nach kurzem Nachdenken fügte er hinzu: „Na ja, der kleine Sören Wollstrumpf erfüllt keine so wichtige Aufgabe. Nur Schneeschippen und Kehren und solche Sachen. Er könnte mit euch zu den Trollen reisen." Sören Wollstrumpf freute sich sehr über diese verantwortungsvolle Aufgabe. Gemeinsam mit Kathrinchen und Johann bereitete er alles für den Aufbruch vor. Am Nachmittag kamen noch einmal alle Wichtel zusammen, um sich von den dreien zu verabschieden. Nur ein Einziger fehlte: der grimmige Helge Hektikmacher.

Dunkle Schatten

„Ein Rentier muss tun, was ein Rentier tun muss – das gilt auch für Rentier-mädchen", sprach sich Josefine selbst Mut zu. Es war finster und kalt, und nur noch wenige Minuten fehlten bis Mitternacht. Ganz langsam – Schritt für Schritt – ging sie in ihren rot-weiß gestreiften Strümpfen vorwärts. Was für eine düstere Gegend! Leer stehende Fabrikhallen, durch die der kalte Wind pfiff, zer-schlagene Fensterscheiben, parkende Autos, Matsch ... aber keine Menschen-seele. Dort vorn die schwarze Silhouette der alten Eisenbahnbrücke, über die schon seit Jahren kein Zug mehr ratterte. Das war der Treffpunkt, den der ge-heimnisvolle Anrufer am Telefon genannt hatte. Josi fühlte ihr Herz pochen. Vorsichtig näherte sie sich ihrem Ziel. General von Beißer hatte ihr eine Sonderausgangsgenehmigung ausgestellt. Sollte Josi allerdings in anderthalb Stunden nicht zurück in der Schlumann'schen Wohnung sein, würde ein Nuss-knacker-Spezialkommando anrücken. Und Arthur wollte den Polizisten Paul Pfeffersack anrufen und Alarm schlagen. Obwohl das für Holzfiguren verboten ist. Bis dahin blieb aber noch Zeit. Josi schlich leise weiter. „Schnak, schnak!" Was war das? Hatte sie da eben ein Geräusch gehört? Josefine spitzte die Ohren. Tatsächlich, dort bewegte sich etwas – ein Schatten. Josi hielt den Atem an. Sie blieb hinter einem parkenden Lieferwagen stehen, eine kurze Ewigkeit lang, dann ging sie weiter. „Schnak, schnak!" Noch zehn Schritte bis zur Brücke. Josi schlug das Herz bis zum Hals. Noch neun Schritte, noch acht Schritte, noch sie-ben. Josi war auf alles gefasst. Auf fast alles. Das unheimliche Etwas, das sich in der Dunkelheit bewegt hatte, streckte seinen Hals nach Josefine aus und ent-

10

puppte sich als Gans. Nein, als Ganter. „Schnak, schnak, schnak", schnatterte der weiße Vogel. „Sergej Schnatterow meine Wenigkeit", stellte er sich vor und deutete eine Verbeugung an. Josi blieb das Maul offen stehen. „Bin Choreograf, schnak, schnak. Führe Ballettstücke auf, schnak, schnak, wundervoll und elegant." Der Ganter watschelte um das Rentier herum. Mit Kennerblick begutachtete er Josi von den Hufen bis zum Geweih, an dem immer noch ein Pflaster klebte. „Warum wollte sich das Fräulein mit mir treffen, schnak, schnak? Möchten Sie Balletttänzerin werden?" „Nein", antwortete das Rentiermädchen schließlich zögernd. „Ich möchte nicht tanzen, sondern bin hier, weil ich einen Anruf bekommen habe. Eigentlich dachte ich, es geht um den Weihnachtsmann." „Schnak, schnak, sehr seltsam, das alles." „Allerdings", nickte Josi und ließ ihren Blick schweifen.

In diesem Moment bremste ein Auto mit quietschenden Reifen. Josefine wollte weglaufen, blieb jedoch vor Schreck wie versteinert stehen. Ein Mann mit Hornbrille, die Gläser so dick wie Flaschenböden, sprang heraus. Mit aufgekratzter Stimme rief er: „Wunderbar! Welch Zufall! Das wird das Titelfoto der Saison! Ein Rentier und ein Ganter." Klick-klick-klick-klick. Ein Blitzlichtgewitter erhellte die Nacht. Ehe Josefine und Sergej Schnatterow begriffen, was passierte,

Dunkle Schatten

hatte der Mann sie fotografiert. „Sensationell." Klick-klick-klick. Sergej plusterte sich auf und schnatterte: „Schnak, schnak! Was soll das?" Der Mann ließ sich nicht stören. „Ach, Kinder! Nun werft euch doch mal in Pose!" Klick-klick-klick. „Und jetzt lächeln! Lächeln! Wunderbar!" Klick-klick. „Ich bin übrigens Steffen Blitzlicht vom Städtischen Anzeiger." Er steckte eine Visitenkarte in das Gefieder des Gänserichs, der, vom Blitzlichtgewitter geblendet, tapsig herumwankte. „Kinder, ihr seid ja so fotogen! Wunderbar!" Klick-klick-klick. „Und noch einmal recht freundlich." Blitzlicht rückte Sergej und Josi ein wenig zurecht und schoss weitere Fotos. Klick-klick-klick. „Was treibt ihr beiden eigentlich so spät in so einer gefährlichen Gegend?", fragte er, wartete die Antwort jedoch gar nicht ab: „Mir fällt schon etwas ein. Tierfotos gehen immer." So überraschend, wie der Reporter aufgetaucht war, so schnell brauste er mit seinem Auto wieder davon. „Hab noch andere Termine, Kinder!", war das Letzte, was sie von ihm hörten. Das Rentier und der Ganter standen wieder allein im Dunkeln. Sie sahen sich ratlos an. Ein Schauer fuhr ihnen über den Rücken. „Nix wie weg", sagten sie wie aus einem Munde und Sergej sprang schnatternd auf Josis Rücken: „Danke, dass Sie mich mitnehmen, Fräulein, schnak, schnak." Josefine nickte nur und rannte dann schnell wie eine Gazelle zurück zum Schlumann'schen Haus.
Nur die Finsternis blieb zurück und ein parkendes, silbergraues Auto. Darin zog eine Gestalt in einem dunklen Mantel und mit roten Augen eine wütende Grimasse. „Dummer Schreiberling. Vermasselt meinen schönen Plan."

Überraschung im Winterwald

Kathrinchen Zimtstern, Johann von Knatterburg und der kleine Wichtel Sören Wollstrumpf hatten auf ihrer wichtigen Mission das Weihnachtsdorf verlassen. Sie hatten sich Schneeschuhe an die Füße geschnallt und stapften durch den Winterwald. Sie wollten zur Höhle Jontunheimen in der schroffen und verschneiten Wildnis des Nordgebirges. Johann trug eine schwere Tasche, gefüllt mit Lebkuchen und Bonbons in den Geschmacksrichtungen Zitrone, Erdbeere und Karamell. Die Bonbontester hatten die Bonbons jeweils mit Bestnoten bewertet. Die Leckereien sollten als Tauschware für die Trolle dienen, denn umsonst würden diese zottigen und ungehobelten Wesen keinen Krümel des Pulvers „Flieg-wie-nix" herausgeben. Die Trolle, von denen manche so groß sind wie Felsbrocken, andere so klein wie Mäuse, kennen die nordische Wildnis wie ihre Westentasche. Sie handeln mit allerlei zauberhaften Kräutermischungen.

Neben den Pfefferkuchen und den Bonbons befanden sich in der Tasche außerdem Landkarte und Kompass, Streichhölzer, Zahnbürsten, Seife, ein Zelt sowie Schlafsäcke in drei verschiedenen Größen – Spezialanfertigungen aus der Wichtelnäherei. Kathrinchen Zimtstern hatte außerdem einen Puppenrucksack von Thorolfs Frau bekommen, den das Engelchen voller Stolz trug. Den Reisenden wehte ein eisiger Wind entgegen, sodass Johann seine Mütze tief ins Gesicht gezogen hatte. Die Kälte pikste wie Nadeln im Gesicht. An Sörens Bart wuch-

11

sen Eiszapfen und Kathrinchens Zöpfe, die unter ihrer bunten Filz-
mütze hervorschauten, hatten weiße Spitzen. Ihre Stupsnase fühlte
sich an wie ein Eiswürfel. Die Reisenden hatten das Weihnachtsdorf
schon weit hinter sich gelassen und kämpften sich durch tiefe Schnee-
wehen, als sie zwischen Fichten und Tannen etwas im Schnee entdeckten.
Etwas Rotes! Sören Wollstrumpf verfiel in helle Aufregung. „Das sieht doch aus
wie eine Zipfelmütze, oder?!", überlegte der Wichtel laut und stürmte los.
Johann wollte ihm rasch folgen, doch stattdessen purzelte er über seine eigenen
Füße und landete der Länge nach im Schnee. „Blöde Schneeschuhe!" Das rote
Etwas entpuppte sich tatsächlich als Zipfelmütze. Sie gehörte Helge Hektikmacher, dem Wichtel, der am Tag ihrer Abreise gefehlt hatte. Helge lag hilflos
im Schnee und zitterte am ganzen Körper. Als er Sören sah, zog er nicht wie
sonst ein grimmiges Gesicht, sondern freute sich riesig. Überglücklich schloss
er seinen Wichtelfreund in die Arme. Es stellte sich heraus, dass Helge zum
Feierabend etwas Skifahren wollte und dabei in einen heftigen Schneesturm
geraten war. „Ich wollte eigentlich nur ganz kurz weg. Deshalb habe ich nie-
mandem Bescheid gesagt", erklärte der Wichtel bibbernd. „Aber dann fing es
fürchterlich an zu schneien und ich wusste gar nicht mehr, wo ich bin. Ich habe
mich immer mehr verirrt. Und dann stolperte ich noch über diese dumme Wur-
zel und konnte nicht mehr auftreten."

Sören Wollstrumpf gab dem verletzten und durchgefrorenen Wichtel heißen
Tee aus seiner Thermoskanne. Mit seinem Schal umwickelte er das ange-
schwollene Bein. Helge Hektikmacher berichtete weiter: „Ich hatte solche
Angst. Dieses Wolfsgeheul jede Nacht! Ich bin so froh, dass ihr mich gefunden
habt, sonst wäre ich hier erfroren!" Er nieste laut: „Haaaatschi! Ich darf gar
nicht an die ganze Verwaltungsarbeit denken, die in den letzten Tagen liegen

geblieben ist. Die Wunschzettel, die neu angekommen sind. Bestimmt mindestens fünf Schubkarren voll." „Du musst jetzt erst einmal gesund werden!", sagte Kathrinchen Zimtstern. „Gesundheit zählt viel mehr als Arbeit oder Geschenke." Sören und Johann nickten. Das Engelchen hatte völlig recht. Sören Wollstrumpf versprach, Helge im Huckepack schnellstmöglich zurück ins Dorf zu bringen. Der Nussknacker und Kathrinchen hingegen ließen sich den weiteren Weg erklären. „Dankeschön und viel Glück, Herr Nussknackerdetektiv", sagte Helge zum Abschied. „Und seid vorsichtig!" Er bereute, dass er vor ein paar Tagen so über Johann geschimpft hatte. Der junge Nussknacker und das kleine Engelchen winkten den Wichteln zu. Allein und auf sich gestellt zogen unsere zwei hölzernen Abenteurer weiter.

Das Bild in der Zeitung

Erleichterung ging durch das Weihnachtsdorf, als der kleine Sören mit Helge auf dem Rücken auftauchte. Besonders Thorolf Weißbart fiel ein Stern vom Herzen. In den letzten Tagen hatte er sich manchmal dabei ertappt, den grimmig dreinblickenden Verwaltungswichtel zu verdächtigen. Er hatte überlegt, ob nicht Helge hinter der Weihnachtsmannentführung oder dem kaputten Weihnachtspyramiden-Hubschrauber stecken könnte. Das entpuppte sich natürlich jetzt alles als Unsinn.

Helge Hektikmacher kam ins Wichtelkrankenhaus. Der Wichteldoktor Peter Pillchen verpasste ihm als Allererstes ein Gipsbein. „Mach dir keine Sorgen", munterte der Arzt seinen Patienten auf, „Josefine war vor Kurzem auch bei uns. Vor Freude, dass sie dieses Jahr das Rentiergespann anführen soll, war sie so herumgetobt, dass sie sich an einem Baum das Geweih angeknackst hatte. Zuerst habe ich es verbunden, dann gab es ein Pflaster und nach ein paar Tagen konnte ich sie schon wieder entlassen." Thorolfs Frau bereitete Helge Hektikmacher zur Stärkung einen Preiselbeerbrei zu und kochte einen Kräuteraufguss, dessen Dämpfe er einatmen sollte. Zusätzlich zum gebrochenen Bein hatte sich der Wichtel einen ordentlichen Schnupfen geholt. Seine Nase lief wie die Gebirgsbäche zur Schneeschmelze, und wenn er nieste, wackelte das Wichtelkrankenhaus so sehr, dass die Tassen im Schrank schepperten. Zwei kranke Teddybärenzwillinge, die mit ihm das Zimmer teilten, hüpften vor Schreck bei jeder Niesattacke gleichzeitig an die Decke.

Während sich Helge Hektikmacher langsam erholte und Johann mit Kathrinchen durch den hohen Norden wanderte, arbeitete Professor Schlumann im Museum. Obwohl sein Assistent Hagen Haarig zeitiger begann als er und abends immer später ging, war er keine große Hilfe und die meisten Aufgaben erledigte der Museumsdirektor selbst. „Nach den Feiertagen muss ich das ansprechen", dachte der Professor. In seiner Wohnung umringten zur gleichen Zeit unsere Holzfiguren den Räuchermann Arthur Grimmbart. Sie bestaunten das Foto von Josi und Sergej, das heute auf der Titelseite vom Städtischen Anzeiger abgedruckt war. Der Räuchermann Arthur Grimmbart hatte es entdeckt, als er wie jeden Tag in der Zeitung gelesen hatte. „Ä scheeenes Bild", meinte er zu seinem Schäfchen, das zustimmend mähte: „Mäh, mäh!" Die Engelchen hielten sich ihre Hände vor den Mund und kicherten.

Josefine, der heutige Star des Städtischen Anzeigers, konnte sich nicht so recht über das Foto freuen. Das Rentiermädchen hockte auf dem Sessel und dachte über seine nächtlichen Erlebnisse nach. War der Reporter Steffen Blitzlicht wirklich nur zufällig aufgetaucht? Wer hatte sie und Sergej zur Brücke gelockt? Und warum? Gab es eine Verbindung zu der Weihnachtsmannentführung? Welche Rolle spielte Sergej? Hätten der Ganter und sie noch warten sollen, anstatt einfach Reißaus zu nehmen? Sie wusste es nicht. Der Ganter wohnte in einer Holzhütte im Stadtpark, und nach ihrer Flucht hatten die zwei Tiere verabredet, sich in den nächsten Tagen zu treffen. Laura Lindenholz zupfte an ihrer Harfe und beobachtete das nachdenkliche Rentier. „Es wird Zeit, dass Johann von Knatterburg zurückkehrt und sich um alles kümmert", meinte sie. Gabrielchen Stimmgabel, die Chorleiterin der Engelchen, nickte. „Ja, und vor allem soll er Kathrinchen wiederbringen. Wir müssen endlich vollständig für das Weihnachtskonzert proben – so, wie es sich gehört."

Rabatzel und Rumbuffel

Kathrinchen Zimtstern und Johann von Knatterburg erreichten endlich die Höhle Jontunheimen. Durch Schnee und Eismassen waren sie nur im Schneckentempo vorangekommen. Sie hatten Berge überquert, Täler durchschritten und ganze Fjorde umrundet. Nun standen sie endlich vor ihrem Ziel. Weit und breit war kein einziger Baum zu sehen, nur große schneebedeckte Felsbrocken und Geröll. Vom Höhleneingang hingen dicke, spitze Eiszapfen herunter, die in der Sonne wie scharfe Zähne blitzten. Johann blieb stehen und überlegte umzukehren. Kathrinchen schob ihn an. „Sonst war doch der ganze Weg umsonst!" Johann biss die Zähne zusammen. Als er und das Engelchen die Höhle betraten, wehte ihnen ein fürchterlicher Geruch entgegen. Eine Mischung aus Raubtierkäfig, vermodertem Brot und faulen Eiern. „Puh!", schüttelte Kathrinchen sich und hielt sich die Nase zu. Johann von Knatterburg versuchte die Luft anzuhalten, gab dann aber auf und atmete nur noch durch den Mund.

Sie folgten einem dunklen Gang und erreichten ein hohes Gewölbe tief im Fels. Ein paar Kerzenstummel erhellten es spärlich. Der junge Holzmann und der kleine Engel entdeckten ein wüs-

tes Lager aus Moos, Flechten und Grasbüscheln. An einer Leine hingen zum Trocknen verschiedene Kräuter und drei tote Mäuse. Spinnweben klebten an der Decke, auf dem Boden lag ein verstaubtes Bärenfell. „Hier sollte Rosalinde Veilchenduft dringend mal vorbeikommen und gründlich kehren", bemerkte Kathrinchen Zimtstern. In just diesem Augenblick spürte sie einen Schatten hinter sich. Eine kräftige Hand packte sie am Zöpfchen. Eine andere Pranke ergriff Johann am Bein.

Rabatzel und Rumbuffel

13

Ein kahlköpfiger, übel riechender Troll von der Statur eines Schrankes hob sie in die Luft und glotzte sie dämlich an. „Lasse er sie los!", befahl eine quietschende Stimme. Mit einem lauten Plauz fielen Kathrinchen und Johann unsanft in den Dreck. „Gestatten: Mein Name ist Rabatzel und ich bin hier der Geschäftsführer", stellte sich die schrille Stimme vor. Sie gehörte einem Troll von der Größe eines Schuhkartons. Rabatzel trug einen zerfledderten Umhang aus Mäusefellen und eine graue, ausgebeulte und mottenzerfressene Hose. Er hatte einen struppeligen, schwarzen Bart und eine große Nase, die eine Warze zierte. Auf seinem Kopf saß ein verdreckter, dreizackiger Hut, in dem eine bunte Feder steckte. Eine moderne Armbanduhr, die an seinem Handgelenk tickte, schien das Einzige an ihm zu sein, das nicht alt und schmutzig war. Der kleine Troll wies auf seinen zwei Meter großen Kollegen. „Mit meinem Gehilfen Rumbuffel habt ihr ja schon Bekanntschaft gemacht. Wenn ihr nicht zu unserer Zufriedenheit pariert, schlägt er euch zu Brei." Johann versuchte, nicht mit den Zähnen zu klappern, und nickte. „Ob diese beiden zu jener Art Trollen gehören, die am liebsten Kinder mit Blaubeersoße essen?", überlegte Kathrinchen Zimtstern still und gruselte sich. Vorstellen konnte sie es sich gut.

„Na los, sag's ihnen", stupste das Engelchen ihren Freund an. „Immerhin bist du der Nussknackerdetektiv." Johann von Knatterburg zupfte an seiner Uniform herum und trug dann nervös sein Anliegen vor: „Wir sind hier, um das Pulver ‚Flieg-wie-nix' einzutauschen." Rabatzel kniff seine Augen zusammen. „Ist derzeit nicht vorrätig. Restlos ausverkauft. Verschwindet jetzt!" „Wir haben auch Süßigkeiten dabei", sagte Johann von Knatterburg. Er kramte aus seiner Tasche ein Himbeerbonbon heraus und hielt es Rabatzel hin. „Probier doch mal! Wir hätten noch viel mehr davon." Der Troll steckte sich die Leckerei in den Mund.

„Mjam, mjam." Er schob sie genussvoll von der linken in die rechte Backe, dann wieder von der rechten in die linke. „Ich weiß nicht so recht", meinte Rabatzel mit erhobener Nase. „Was überlegst du denn noch?" Johann reichte ihm ein Karamellbonbon. „Die schmecken wirklich köstlich. Von den Wichteltestern erhielten sie die besten Noten." Der kleine Troll ließ auch dieses Bonbon rasch in seinem Mund verschwinden. Nun schob er zwei Bonbons von links nach rechts. „Mjammm, mjamm." Er schmatzte und leckte sich die Lippen. Rumbuffel, der Riesentroll, glotzte ihn an. Ihm schien das Wasser im Munde zusammenzulaufen. Johann wollte Rumbuffel ebenfalls ein Probebonbon reichen, doch Rabatzel schnappte es ihm aus der Hand und steckte es wieder in sein eigenes gieriges Maul. „Hier bin ich der Chef-Tester", krakelte der kleine Troll energisch. Er schob nun drei Bonbons von der linken in die rechte Backe und zurück und erinnerte dabei an einen Hamster. „Habt ihr nun das Pulver ‚Flieg-wie-nix' für uns?", hakte Johann von Knatterburg nach. „Das müssen wir erst beraten", antwortete Rabatzel mit überheblicher Miene und tippelte in eine andere Ecke der Höhle. Rumbuffel folgte ihm. Tippel tappel, tippel tappel. Nur leises Tuscheln war zu vernehmen, während die beiden ihre Trollköpfe zusammensteckten und überlegten, was zu tun sei.

Die Höhle soll größer werden  14

„Mit ein paar billigen Leckereien lassen wir uns nicht abspeisen, wenn ihr das Pulver ‚Flieg-wie-nix' haben wollt. Für unsere seltenen und teuren Kräuter müsst ihr schon etwas mehr löhnen", erklärte Rabatzel nach gründlicher Beratung mit Rumbuffel Johann und Kathrinchen. Unsere Freunde boten dem gierigen Troll zusätzlich zu den Bonbons noch Seife und Zahnbürsten an, doch Rabatzel verzog angewidert sein Gesicht: „Pfui, pfui, pfui – das ist ja widerlich. Ich schlage etwas Besseres vor: Ihr schnappt euch das Werkzeug dort hinten und grabt für uns. Wir wollen nämlich unsere Höhle erweitern, müsst ihr wissen. Wenn wir Marktführer im Kräuterhandel bleiben wollen, brauchen wir unbedingt mehr Lagerraum." Der Nussknacker und das Engelchen sahen sich kurz an und zuckten mit den Schultern. Es blieb ihnen wohl keine andere Wahl. Die Trolle waren nicht nur dreckig, sondern obendrein noch faul. Da die Hacken sie um ein Vielfaches überragten, kratzten Johann und Kathrinchen mit ihren Händen an der Wand und versuchten unter Rumbuffels missmutiger Aufsicht die Höhle zu erweitern. Sie kamen nur im Schneckentempo voran. Rumbuffel knurrte von Zeit zu Zeit böse, und die beiden Arbeiter fragten sich, wie lange sie für das Pulver schuften sollten. Es schien schier unmöglich. „Ich bin doch ein Schutzengelchen und kein Schmutzengelchen", murrte Kathrinchen, als sie ihr dreckiges Kleidchen betrachtete. Da geschah etwas Seltsames. Erst knackte der Fels verdächtig, dann hörten sie ein Grollen. Polternd und stiebend stürzte die Wand, an der sie gegraben hatten, ein. „Schnell weg!", rief das Engelchen. Gerade rechtzeitig sprangen Kathrinchen und Johann beiseite. Es krachte und

eine Staubwolke verhüllte die gesamte Höhle. Als sie sich lichtete, gab sie den Blick auf einen weiteren Hohlraum frei. Dort wuselte eine Waldkatzenfamilie herum und miaute aufgeregt.

Rabatzel und Rumbuffel schauten sich verdutzt an. Sie hatten nichts von diesen Nachbarn geahnt und ekelten sich ein bisschen. Die Waldkatzen verzogen ebenfalls ihre Gesichter angesichts des Gestanks, der aus der Trollhöhle zu ihnen herüberwehte. Die Tiere reckten ihre buschigen Schwänze nach oben und verließen beleidigt den Ort des Geschehens. Wohl oder übel mussten sie sich nun ein neues Zuhause suchen, in dem es weniger stank.

14 Rabatzel begutachtete inzwischen die Nachbarhöhle, die einen eigenen Eingang besaß. „Genau so hatte ich mir das vorgestellt!", freute er sich mit seiner quietschigen Stimme und rückte zufrieden seinen Hut zurecht „Jetzt gibt es endlich genug Platz für unsere Güter. Hoffentlich suchen sich die Viecher keinen neuen Unterschlupf in der Nähe." Der Troll schnäuzte sich und wandte sich seinen Gästen zu: „Nun zu euch beiden. Es versteht sich von selbst, dass wir euch das Pulver nun nicht geben können. Ihr habt immerhin kaum etwas gemacht. Am besten wäre deshalb, wenn ihr jetzt sofort verschwindet." „Aber wir brauchen doch das Pulver ‚Flieg-wie-nix'", bat Kathrinchen verzweifelt und sah die Trolle so lieb an, wie sie konnte. „Wir müssen doch das Weihnachtsfest retten." Rumbuffel knackte bedrohlich mit seinen Fingerknöcheln und war drauf und dran, sie aus der Höhle zu werfen, als Rabatzel ihn stoppte. „Ich will kein Untroll sein", sagt er und zeigte auf Johann von Knatterburg. „An deiner Uniform glitzern hübsche Knöpfe. Die passen hervorragend zu meiner Uhr. Gib sie mir und dazu die Bonbons – dann sollt ihr das Flugpulver haben!" Johann und Kathrinchen willigten ein. Endlich hatten sie ihr Ziel erreicht, wenn auch zu einem hohen Preis. Rumbuffel holte ein paar Säckchen mit dem Pulver. Der Nussknacker verstaute die wertvolle Ware in seiner Tasche und auch Kathrinchen packte sich ein paar Krümel in ihren Rucksack. „Es war mir ein großes Vergnügen, Geschäfte mit euch zu machen", quietschte der kleine Troll hämisch. Johann notierte noch rasch etwas in seinen Block, dann trat er mit Kathrinchen den weiten Rückweg an.

Die Höhle soll größer werden

Zwischenfall in dunkler Nacht

Kathrinchen Zimtstern rüttelte an dem schlafenden Nussknacker. „Johann, Johann", flüsterte sie aufgeregt, „Johann, wach doch auf!" Der Nussknacker rührte sich nicht und träumte davon, harte Nüsse zu knacken. „Vor dem Zelt raschelt etwas!", drängelte Kathrinchen. „Lass es rascheln", murmelte der Holzmann, gab einen Grunzer von sich, drehte sich auf die andere Seite und schnarchte weiter. Die Arbeit in der Trollhöhle und die Grübeleien der vergangenen Tage hatten ihn sehr müde gemacht. Das Engelchen blieb noch einige Minuten im Zelt liegen und lauschte, dann ließ ihm das Geräusch keine Ruhe mehr. Das Rascheln näherte sich. Kathrinchen krabbelte leise aus dem Zelt und wollte allein nach dem Rechten sehen. Der Mond tauchte die Schneelandschaft in fahles Licht. Die Tannen wiegten sich im Wind, als sängen sie gespenstische Lieder.

Kathrinchen Zimtstern bibberte und tappte – mit einem Stöckchen bewaffnet – einmal um das Zelt. Ein Käuzchen pfiff. Und dann, dann blieb dem kleinen Engel fast das

15 Herz stehen. Zwei funkelnde Augen blickten es an. Ihm gegenüber stand ein Wolf. „Uuuuups", war das Einzige, was Kathrinchen einfiel. Langsam schlich der Wolf auf Kathrinchen zu. Kathrinchens kleine Beine schlackerten. Das Engelchen ging langsam rückwärts. Das wilde Tier näherte sich ihm Schritt für Schritt und beäugte es aufmerksam. „Johann! Johann! Kommst du mal", sagte der kleine Engel kaum hörbar. „Johaaaan." Der Nussknacker, immer noch im Zelt, rappelte sich auf und kroch nun auch aus dem gemütlichen Schlafsack. In seinem karierten Schlafanzug trat er frierend aus dem Zelt ins Freie. „Was ist denn los?", gähnte er. Er entdeckte den Wolf, der mit seiner Schnauze fast das Engelchen berührte. Im Nu war Johann von Knatterburg putzmunter. „Ich rette dich!", rief er. Ohne lange zu überlegen, sprang der Holzsoldat auf das Tier zu. „Der Wolf beschnüffelt mich nur und scheint lieb zu sein", versuchte Kathrinchen in letzter Sekunde zu erklären, doch Johann biss bereits mit voller Kieferkraft in den Wolfsschwanz. Das Tier brüllte vor Schmerz auf. „Waaauuuuu!" Als der Wolf erkannte, dass ein Holzmann an seinem Schwanz hing, schüttelte er sich. Johann von Knatterburg landete der Länge nach im Schnee. Kathrinchen Zimtstern stemmte ihre Ärmchen in die Hüfte. „Hört auf, hört auf! Alle beide", schimpfte sie, doch der verärgerte Wolf stürzte sich schon auf den Nussknacker. Weil Johann rechtzeitig beiseite rollte, sprang der Wolf ins Leere und prallte mit seinem Maul gegen einen Tannenbaum. Er wurde noch wütender und sprang mit gefletschten Zähnen auf den Holzmann zu.

Johann von Knatterburg lag auf dem Rücken im Schnee. Zerkratzt und verschwitzt rechnete er mit dem Schlimmsten, als der Wolf plötzlich von ihm abließ – und sich langsam, ganz langsam in die Luft erhob. „Träume ich?", dachte der Nussknacker und rieb sich seine Augen. Aber der Wolf schwebte wirklich. Ganz sacht, wie ein Luftballon auf einem Jahrmarkt, stieg er nach oben und schaute verblüfft nach unten auf die beiden Freunde. Kathrinchen hatte ein paar Krümel Pulver „Flieg-wie-nix" aus ihrem Rucksack genommen und über das Tier gestreut. „Ich glaube, er wollte mir eigentlich nichts tun und war nur neugierig", meinte Kathrinchen und fuhr besorgt fort: „Hoffentlich fällt er weich und tut sich nicht weh, wenn die Wirkung nachlässt." Der schwarze Punkt am Sternenhimmel schrumpfte immer weiter. „Das hoffe ich auch", murmelte Johann von Knatterburg schuldbewusst. „Immerhin habe ich ihn erst wütend gemacht." Schließlich war der Wolf in der dunklen Nacht verschwunden.

Der schluchzende Wichtel

In den Werkstätten des Weihnachtsmanndorfes herrschte am 16. Dezember wie immer rege Betriebsamkeit. Helge Hektikmacher hatte seinen Schreibtisch ins Krankenhaus bringen lassen. Er sorgte sich eifrig um die Lebkuchenproduktion und kümmerte sich um fragwürdige Wunschzettel, die ihm der Postwichtel Berti Bärtig brachte. Ein paar Kinder hatten vier oder fünf Wunschzettel geschickt, in der Hoffnung, dadurch mehr Geschenke zu bekommen. Helge entschied nun, welcher gültig war und welcher nicht. Fröhliches Singen, Pfeifen und Lachen hörte man im Dorf noch immer nicht. Der alte, erfahrene Wichtel Thorolf Weißbart hatte seinen langen Bart, der schon hier und da Moos ansetzte, über die Schulter gelegt. Mit prüfendem Blick ging er umher und achtete darauf, dass jeder seine Arbeit anständig erledigte. „Macht euch keine Sorgen! Der Weihnachtsmann taucht wieder auf und dann müssen die Geschenke fertig sein", versuchte er, Zuversicht zu verbreiten. „Alles wird gut", sagte er jedem Wichtel, der es hören wollte.

Als Kathrinchen Zimtstern und Johann von Knatterburg von ihrer beschwerlichen Reise wieder im Dorf der Weihnachtswichtel eintrafen, erspähte Sören Wollstrumpf sie als Erstes. Er streute gerade den Weg, damit kein Wichtel ausrutschte. Die beiden Heimkehrer zitterten am ganzen Leib. Johann klapperte so heftig mit den Zähnen, dass er wohl jeden Nussschnellknackwettbewerb gewonnen hätte. „Sie sind wieder da! Sie sind wieder da!", schallte es durchs Weihnachtsdorf und Sörens Bart flatterte im Wind, als er von Haus zu Haus rannte, um allen Bescheid zu geben. In Windeseile bildete sich eine Traube von Wichteln um Kathrinchen und Johann. Ob Thorolf Weißbart, Helge Hektikmacher, Lars Leimknödel, Doktor Peter Pillchen, Berti Bärtig, die Wichtel aus der Spielzeugfabrik oder der Elektronikabteilung – alle wollten wissen, was die beiden erlebt hatten und ob sie das Pulver „Flieg-wie-nix" mitgebracht hatten.

In der Hütte von Thorolf Weißbart blieb kein Plätzchen frei. Das Engelchen und

Der schluchzende Wichtel

der Nussknacker saßen am Kamin und wärmten sich am knisternden Feuer. Die Wichtel hockten dicht gedrängt um sie herum und tuschelten und plapperten unaufhaltsam. Hin und wieder zeigte einer auf die Kratzwunden, die Johann von seiner Begegnung mit dem Wolf davongetragen hatte. Thorolfs Frau kochte für alle Kräutertee und nähte neue Knöpfe an Johanns Uniform. Die beiden Holzfiguren erzählten von ihrer abenteuerlichen Reise. Sie berichteten, wie sie in die stinkende Höhle gelangt waren, wie sie für Rabatzel und Rumbuffel graben mussten und wie sie den Wolf getroffen hatten. Viele „Ohs" und „Ahs" waren zu hören. Einige Wichtelmänner klopften dem Nussknacker anerkennend auf die Schulter. „Es ist zu früh, sich zu freuen", meinte Johann. „Leider weiß ich immer noch nicht, wer den Weihnachtsmann entführt hat", gab er zähneknirschend zu.

Thorolf Weißbart legte noch ein paar Holzscheite ins prasselnde Feuer und seine Frau brachte eine weitere Kanne Tee und eine große Schüssel Preiselbeerauflauf. Alle aßen davon, als sich unter das Schmatzen und Kauen ein klägliches Schluchzen mischte. Einem Wichtel mit einem rötlich schimmernden Bart und Sommersprossen liefen dicke Tränen über die Wangen. Johann von Knatterburg erinnerte sich an das Gesicht. Dieser Wichtel namens Siggi Sauerteig arbeitete in der Lebkuchenbäckerei, war still, aber sehr, sehr fleißig. Er knetete stets so eifrig den Teig, als gelte es Rekorde zu brechen. „Ich moss euch ollen wos erzählen", schniefte der Wichtel. „Vor ollem dem Herrn Nossknockerdetektiv." Er senkte den Kopf. „Es hot mit dem Frühstücksschlof zu tun und ist sehr wichtig." Kathrinchen und die anderen Wichtel spitzten die Ohren und Johann zückte den Stift. Seite um Seite füllte sich in seinem Schreibblock, während der rotbärtige Wichtel erzählte und erzählte und erzählte. Unsere Freunde und die Wichtel lauschten ihm bis zum Morgengrauen. Dann stand fest: Der Ausflug ins Wichteldorf war nicht umsonst gewesen.

Noch eine Entführung

Laura Lindenholz und Josefine saßen auf dem Sessel und schauten Fernsehen. In den Nachrichten berichtete man über einen Wolf, der sich verlaufen und sein Rudel verloren hatte. Tagelang hatte eine Gruppe Naturforscher ihn vergeblich gesucht, bis er wie aus dem Nichts vom Himmel geplumpst war und nun wieder mit seinen Artgenossen durch die Wälder tollte. Mehr oder weniger aufmerksam lauschten unsere Freunde dem Nachrichtenmoderator, als das Telefon klingelte. Klingeling. Josi war sofort hellwach. „Isch geh schon ran", sagte Arthur Grimmbart und nahm den Hörer ab. Gerade so, als wäre Telefonieren für Holzmännlein die normalste Sache auf der Welt. „Wer issn doa?", fragte er gespannt, während er mit dem Schlimmsten rechnete und sein Pfeiflein aus dem Mundwinkel hing. Ein Lächeln huschte über sein Gesicht. Am anderen Ende meldete sich ein schnatternder Ganter: „Hier Sergej Schnatterow, ist denn das Fräulein Josefine zu sprechen?" „Für dich!", murmelte Arthur und hielt den Hörer ans Ohr des Rentiers.

Sergej lud Josi ein, eine Ballettaufführung zu besuchen. In einer Stunde stand im Stadtpark das Stück „Ententeich" auf dem Programm. Dem Rentiermädchen kam der Vorschlag gerade recht. Es sorgte sich sehr wegen der vielen Kinder, die keine Geschenke bekämen, wenn der Weihnachtsmann nicht bald auftauchte. Bis zum Heiligabend blieb nicht mehr viel Zeit. Sergej Schnatterow und seine Ballettenten würden es sicher besser ablenken als das Fernsehprogramm. Außerdem war es in Josis Versteck, der Abstellkammer, recht eng. Sich etwas an frischer Luft zu bewegen, würde ihren Rentierknochen gut tun. Ohne zu zö-

gern schlüpfte Josefine in ihre rot-weiß gestreiften Strümpfe. „Stopp!", brüllte General von Beißer just in dem Moment, in dem das Rentier das Haus verlassen wollte. Der Nussknacker verschränkte die Arme vor der Brust und versperrte den Weg. „Viel zu gefährlich", schnaubte er, „das haben wir ja beim letzten Mal erlebt. Und abgesehen davon gilt deine Ausgangsgenehmigung längst nicht mehr." Mit ihren brauen Augen schaute Josi den Nussknackergeneral enttäuscht an. „Nun lass sie doch", bat die Engelsdame Laura Lindenholz. „Na gut", willigte von Beißer mürrisch ein. „Wir stellen eine neue Erlaubnis aus – aber nur, wenn du einverstanden bist, dass dich zwei meiner stärksten Männer begleiten. Zum Schutz." Das Rentier nickte und der General teilte zwei Nussknacker für diese Aufgabe ein. Mit einem Leinenbeutel am Geweih trat Josefine kurz darauf auf die Straße. In dem Beutel, der von Rosalinde Veilchenduft mit hübschen Weihnachtsstickereien versehen war, versteckten sich die hölzernen Bewacher.

Einige Kinder, die aus der Schule kamen, streichelten Josefine, als sie durch die Stadt trottete. Die Erwachsenen eilten durch die Gassen und beachteten das Rentier nicht. Sie hasteten von Geschäft zu Geschäft und hatten nur Augen für ihre Einkäufe. Am verschneiten Stadtpark angekommen, sahen Josefine und die Holzsoldaten zunächst weit und breit nichts von Sergej. Die beiden Holzmänner, stolz auf ihre Spezialmission, schauten wachsam aus dem Leinenbeutel heraus. Plötzlich schnatterte es ohrenbetäubend: „Schnak, schnak! Sie Kulturbanause! Lassen Sie mich los, schnak, schnak!" Die Nussknacker im Leinenbeutel wirbelte es herum, als sich Josi dem Gezeter zuwandte. Es klang eindeutig nach Sergej Schnatterow und kam vom anderen Ufer des zugefrorenen Ententeichs. „Lassen Sie mich los, schnak, schnak! Bin keine gewöhnliche Weihnachtsgans", protestierte der Ganter und eine Entenschar – wahrscheinlich seine Balletttruppe – schlitterte aufgeregt auf dem Eis herum und schnatterte empört. Aus der Ferne sah Josi, wie jemand ihren Freund in einen Sack steckte. Sie wollte direkt über den Teich zu

Sergej eilen. Da aber die glitzernde Oberfläche verdächtig knackte, kehrte sie um und nahm einen anderen, längeren Weg. Diese Zeit nutzte der Gänsedieb. Mit eiligen Schritten, den Sack über der Schulter, floh er zu einem Parkplatz am Rande des Stadtparks. Josi sah, wie eine Autotür zuschlug. Ein letztes „Schnak, schnak" ertönte, dann brauste ein silbergrauer Wagen in Windeseile davon. Sofort galoppierte Josi hinterher und der Leinenbeutel an ihrem Geweih flatterte von links nach rechts. „Hilfe, Hilfe!", schrien die Nussknacker darin – ohne zu verstehen, was draußen geschah. Josi ließ den Park hinter sich, lief über rote Ampeln und sprang über Autos. Der Schneematsch spritzte nach allen Seiten davon. Sie wollte Sergej Schnatterow retten und rannte wie noch nie in ihrem Rentierleben. „Hilfe, Hilfe!", jammerten die zwei Nussknackersoldaten. Der eine hatte nun die Stiefel seines Kumpans im Gesicht. Josi stürmte weiter. Bei ihrer Verfolgung schubste sie sogar fast einen Spaziergänger beiseite, doch es nützte nichts. Sie sah nur noch die Rücklichter des Entführerautos. An der übernächsten Querstraße verlor sie es völlig aus den Augen. Das Rentier stand nun mitten auf der Kreuzung und schnappte erschöpft nach Luft. Die anderen Autos hupten. Ein LKW-Fahrer kurbelte das Fenster herunter und brüllte: „Verkehrsrüpel!" Durcheinandergewirbelt schauten die Nussknackersoldaten aus dem Beutel, der am Geweih baumelte. Ihre Uniformen waren zerknittert und vom heftigen Geschaukel war den Holzmännern schlecht. „Können wir irgendetwas tun?", fragten sie trotzdem pflichtbewusst. „Zu spät", murmelte Josi traurig und schlich mit hängendem Kopf heim.

„Gut gemacht", lobte General von Beißer seine Soldaten und steckte ihnen einen Orden an die Brust. Wie befohlen war Josefine nichts passiert. „Aaalso, ich weeß ja ni, ob se das nu verdient ham", meinte Arthur kopfschüttelnd. Diese Nussknacker! Der Räuchermann stopfte sich sein Pfeifchen und versank in seiner Zeitungslektüre.

Eine neue Spur

Der molligen Rosalinde Veilchenduft und ihren Freundinnen Hildegard Schluckauf und Helene Plaudertasche fielen fast die Kaffeetassen mit Blümchenmuster aus der Hand. Eben noch hatten sie fröhlich getratscht, als plötzlich ein Rentier vor dem Wohnzimmerfenster schwebte. „Wir sind zu zeitig", raunte Johann dem Tier zu und rasch flogen sie wieder davon.

„Wahrscheinlich haben wir ein paar Schnapspralinen mehr genascht, als wir sollten", kicherte Rosalinde. „Knabbern wir jetzt lieber selbst gebackene Zimtsterne und Vanillekipferl", schlug sie den anderen Damen vor. Dann senkte sie geheimnisvoll die Stimme: „Immerhin hören wir noch keine seltsamen Geräusche – das passiert nämlich dem Professor, wenn er allein im Museum ist. Das hat er mir verraten." Hildegard Schluckauf und Helene Plaudertasche rissen neugierig ihre Augen auf. „Ja, ja", plapperte Rosalinde weiter, „wie Geschnatter soll es klingen. Außerdem leidet er unter starkem Haarausfall. Jeden Tag muss ich seinen Sessel saubermachen. Ich glaube, er arbeitet zu viel. Sein Assistent Hagen Haarig ist keine große Hilfe. Immer wenn ich vorbeikomme, sitzt er faul da und gähnt in einem fort." Ihre Freundinnen schüttelten empört die Köpfe. Rosalinde kürzte den Docht der Kerzen am Adventskranz, Hildegard Schluckauf schenkte etwas Kaffee nach und dann ging der Klatsch munter weiter.

18 Kathrinchen Zimtstern, Johann und das Rentier, auf dem die beiden in die Stadt geritten waren, warteten auf dem Dach des Städtischen Museums, bis die Frauen ihr Kränzchen beendeten. Von oben betrachteten sie das weihnachtliche Treiben in der Stadt. Viele Leute besuchten die Holztierausstellung. Vom Weihnachtsmarkt stiegen Mandel- und Bratapfelduft gen Himmel. Die Pyramide drehte sich und neben dem großen Tannenbaum sah Kathrinchen drei riesige Holzfiguren: einen Nussknacker, eine Pfefferkuchenfrau und ein Reiterlein. „Die möchte ich auch mal kennenlernen", dachte Kathrinchen.

Nach ein paar Stündchen, als Rosalinde Veilchenduft und ihre Gäste gegangen waren, kehrten unsere Freunde zur Schlumann'schen Wohnung zurück. Tapp, tapp, tapp, tappte der Pflaumentoffel zum Fenster und öffnete es geschwind. Schon wieder musste der Engelchenchor seine Proben für das Weihnachtskonzert unterbrechen. Das Rentier flog elegant herein und blieb auf dem Wohnzimmerteppich stehen. War das ein

Hallo! Kathrinchen schloss glücklich ihre Freundinnen in die Arme. Die anderen Engelchen erkundigten sich neugierig, was sie erlebt hatte. Gabrielchen Stimmgabel verdrehte die Augen. Hoffentlich nahmen sich die kleinen Chorsängerinnen dieses unartige Ding nicht zum Vorbild. Johann von Knatterburg salutierte vor General von Beißer und auch Josefine kam dazu. Sie begrüßte ihren Artgenossen mit einem feuchten Nasenstupser und war gespannt auf Nachrichten aus dem Weihnachtsdorf. Nach der ersten Freude trat bald Ernüchterung ein. Josi berichtete von dem geheimnisvollen Anrufer, von der Warnung im Nikolausstiefel und von dem Verschwinden des Ganters Sergej Schnatterow. „WAAAAAAAS???", schrie Johann von Knatterburg, als er das erfuhr. So laut war er, dass selbst General von Beißer zusammenzuckte und den Räuchermännchen, die sonst nichts aus der Ruhe brachte, die Pfeifen aus dem Mund fielen. „Noch eine Entführung???" So hatte bislang noch nie jemand den schüchternen Johann erlebt. „Wow!", hauchte Laura Lindenholz verblüfft. „Was für eine männliche Stimme." Der Nussknacker versuchte sich zu beruhigen und atmete tief durch. Dann überlegte er kurz und sagte: „Kathrinchen, Josi! Kommt mit!" Mit großen Schritten verließ er den Raum. „Ohne Passierschein geht das nicht", protestierte von Beißer, aber unsere Freunde waren schon weg. „Die machn des schon richtsch", meinte Arthur Grimmbart.

Kathrinchen Zimtstern, Josi und der Nussknackerdetektiv eilten quer durch die Stadt zum Stadtpark. Hier war Sergej das letzte Mal gesehen worden. „Zwei andere Nussknacker haben mich begleitet und genau aufgepasst", erklärte das Rentiermädchen seinen beiden Begleitern, doch unsere Helden wollten selbst den Tatort untersuchen. Johann zückte seine Lupe und zentimeterweise suchten sie in jeder Ecke und hinter jedem kahlen Baum. Die quakenden Enten, die zu Sergejs Balletttruppe gehörten, hatten keine neuen

Hinweise und abgesehen von Gänsefedern gab es auch nach drei Stunden immer noch keine verdächtige Spur. Vorsichtig wagte sich Johann auf die zugefrorene Oberfläche des Teichs. Es dauerte keine drei Sekunden, da rutschte er aus und landete mit einem lauten „Plumps!" auf dem Po. Eine Mutti und ihr Kind, die gerade vorbeibummelten, lachten leise über den Nussknacker. „Was ist denn das?", wunderte sich Kathrinchen, als sie Johann auf die Beine half. Da lag ein Zettelchen auf dem Eis.

> **„Steffen Blitzlicht**
> **Bester Fotograf des Städtischen Anzeigers**
> **Reymann-Str. 56**
> **Telefon: 049-0190-696969"**

stand darauf. „Dieser Mann hat Sergej und mich fotografiert, als wir uns an der alten Eisenbahnbrücke getroffen haben", erinnerte sich das Rentier Josefine. „Angeblich kam er nur durch Zufall vorbei. Er hat diese Visitenkarte in Sergejs Gefieder gesteckt." „Bestimmt hat unser Ganter die Karte gestern beim Eisballett oder bei der Entführung verloren", schlussfolgerte Johann von Knatterburg und rieb sich nachdenklich sein Nussknackerkinn. Kathrinchen flatterte mit ihren Flügelchen. „Wir könnten diesen Zeitungsmenschen besuchen. Vielleicht kann er uns weiterhelfen." „Eine gute Idee", gaben Johann und Josefine ihr recht.

Beim Städtischen Anzeiger

In Steffen Blitzlichts Büro hing die ganze Wand voller Fotos. Darauf prangten Marilyn Goldlöckchen, eine stadtbekannte Sängerin, der Bürgermeister Anton Zapfhahn, der Truthahnkönig Gregor der Achte und andere wichtige Persönlichkeiten aus aller Welt. Zusätzlich gab es Aufnahmen von den Pyramiden in Ägypten, den Hochhäusern von New York oder dem Mount Everest, dem höchsten Berg der Erde. Auch auf dem Tisch türmten sich Bilder über Bilder, schwarzweiß und kunterbunt, in allen Größen. Die Stapel reichten fast bis zur Decke.

Der Fotograf Steffen Blitzlicht blinzelte durch seine dicke Hornbrille, die er für äußerst modern hielt. Er hatte schon viele bemerkenswerte Menschen getroffen und geknipst, aber einem sprechenden Nussknacker und einem Engelchen mit Flachshaarzöpfchen war er in seinem ganzen Reporterleben noch nicht begegnet. Nicht einmal als junger Mann, als er die Drei Heiligen Könige bei einer Reise durch den Orient begleitet hatte. „Kinder, Kinder! Was bin ich aufgeregt", sagte er zu sich selbst und versuchte in letzter Minute etwas Ordnung auf seinem Schreibtisch zu schaffen. Um ein Haar stieß er seine Schreibtischlampe um. „Sie haben am 10. Dezember das Rentiermädchen Josefine und den Ganter Sergej Schnatterow fotografiert", wandte sich Johann von Knatterburg mit wichtiger Miene an Steffen Blitzlicht. „Kinder! Ja, natürlich, ich erinnere mich. An der Eisenbahnbrücke. Unvergesslich. Reiner Zufall. So entstehen oft die besten Fotos", antwortete Steffen Blitzlicht. „Ich habe schon einige Gänse fotografiert", erklärte er zwinkernd, „aber noch nie einen Gänserich wie Sergej! So natürlich und locker, kurz vor Weihnachten, das findet man selten. Ja, ja, ja! Kinder! Zauberhaft, einfach zauberhaft!" „Wir möchten uns die Fotos gerne ansehen", sagte Johann. „Natürlich, natürlich. Wer nicht? Wer nicht?" Der Fotograf durchwühlte seinen überfüllten Schreibtisch. „Kinder! Wo stecken die jetzt bloß? Ah, da sind ja die Schnappschüsse." Er reichte dem Nussknacker eine dicke Mappe. Ein Reporter macht immer ganz viele Bilder von derselben Sache, erklärte Blitzlicht, und nur das allerbeste – oder manchmal nur ein Ausschnitt davon – wird in der Zeitung abgedruckt.

Johann von Knatterburg betrachtete ein Foto nach dem anderen und zeigte sie auch Kathrinchen und Josefine.

Bei einer Aufnahme fiel ihm etwas auf. Ein winziges Detail, das vielleicht neue Erkenntnisse bringen konnte. Im Hintergrund, genau zwischen Josefine und Sergej, stand ein silbergraues Auto. Genau derselbe Wagen, den Josi gestern bei der Entführung gesehen hatte. In dem Auto sah man einen Schatten, ganz unscharf. Der Nussknacker murmelte: „Wenn wir doch bloß das Gesicht besser erkennen könnten. Mmmh." Selbst seine Lupe versagte. „Kinder! Kinder! Das ist doch gar kein Problem, schließlich sind wir hier beim Städtischen Anzeiger mit der Technik der letzten Generation ausgestattet. Wir haben sogar einen Superfix 9000, den allermodernsten und schnellsten Computer. Damit bekommen wir das Gesicht ruckizucki in Superqualität auf den Bildschirm." Herr Blitzlicht strahlte über das ganze Gesicht, schließlich ahnte er schon einen Riesenskandal mit Exklusiv-Interviews und tollen Schnappschüssen.

Steffen Blitzlicht führte unsere Freunde in ein dunkles Kämmerlein, wo sie einen etwas nervösen Computerexperten dabei ertappten, wie er sich freche Bilder im Internet ansah. Statt Fotos lagen in diesem Raum überall leere Pizzakartons herum. Schuldbewusst machte sich der Mann sofort an die Arbeit und

scannte das Bild mit dem Auto ein. Er vergrößerte es, stellte die Schärfe ein, verkleinerte wieder, drückte Knöpfe hier und dort. Kurz – der Superfix 9000 blinkte und tutete in einer Tour. Es war wohl doch nicht ganz so einfach, wie Steffen Blitzlicht gesagt hatte. Aber zu guter Letzt sahen sie auf dem Bildschirm ein böse dreinschauendes Gesicht. Besonders auffällig waren die geröteten Augen. Der Computerexperte freute sich angesichts seiner Leistung und druckte das Foto mehrmals aus. Johann, Kathrinchen und Josi bedankten sich höflich. Sie schärften Steffen Blitzlicht ein, bis zum Abschluss der Ermittlungen nichts davon zu verraten. Danach eilten sie im Sauseschritt zurück in die Schlumann'sche Wohnung. Als Arthur Grimmbart das Gesicht sah, runzelte er seine Räuchermannstirn. „Kummt mir irschendwie begannt vor. Wennsch nur wüsste, woher", meinte er zu Johann und Kathrinchen. Sein Lämmchen mähte. „Versuch dich zu erinnern", sagte der Nussknackerdetektiv. Die harte Nuss hatte endlich einen ersten Riss.

Fehlende Puzzlestücke

Josefine riss mit ihrer Schnauze ein Blättchen vom Kalender. Heute war der 20. Dezember und es blieben nur vier Tage bis Heiligabend. Die vergangene Nacht hatte sie kaum ein Auge zugemacht. Erstens, weil sie sich die ohnehin enge Abstellkammer nun mit dem anderen Rentier teilen musste, und zweitens, weil sie sich so sehr um den Weihnachtsmann sorgte. Müde rollte sie sich in Professor Schlumanns Sessel zusammen. Der Nussknackerdetektiv Johann von Knatterburg saß allein in einer ruhigen Ecke. Er vertiefte sich in seinen Notizblock und dachte nach. Seite um Seite ging er seine Aufzeichnungen durch, blätterte hin und her und ärgerte sich, wenn er an manchen Stellen seine eigene Schrift nicht mehr lesen konnte. Auf einer leeren Seite malte er alle Tatorte auf und schrieb verschiedene Namen dazu. Dann verband er sie mit Strichen oder Pfeilen, bis er nach einer Weile wieder alles durchstrich und von vorn begann. Manchmal nahm er auch das Buch „Nussknacken mit Köpfchen" zur Hand, hatte aber das Gefühl, inzwischen jedes Kapitel auswendig zu kennen. Diesen Fall musste er allein lösen. Sein Holzkopf qualmte wie die Pfeifchen der Räuchermänner.

Kathrinchen Zimtstern vertraute ihrem Nussknackerfreund und war voller Hoffnung. Das Engelchen wollte das Foto des geheimnisvollen Unbekannten unter den Holzfiguren verteilen. Sie fing bei ihren Freundinnen im Engelschor an. Die kleinen Sängerinnen ließen ihre Spielzeuge liegen und sahen sich mit offenen Mündern das Bild an. „Der sieht ja böse aus", meinte ein Engelchen

20 mit einem Hampelmann in der Hand und zog erschrocken die Schultern nach oben. „Huiiiii!", machte ein anderes, lutschte zur Beruhigung an einem Schokoladenweihnachtsmann und schlackerte mit seinen Flügeln. „Ich will auch gucken", drängelte ein drittes Stimmchen. Da räusperte sich jemand. „Eigentlich müssten wir für unser Konzert proben", sagte Gabrielchen Stimmgabel, doch dann legte sie Taktstab und Notenheft beiseite. „Allerdings nützen die schönsten Lieder nichts, wenn es ein so großes Problem gibt." Die Chorleiterin erlaubte den anderen Engelchen, Kathrinchen zu helfen, die Fotos zu verteilen. „Wirklich?", staunte Kathrinchen. In Gabrielchen Stimmgabels Augen war sie doch frech und unartig gewesen. „Ja, meine Kleine, den Weihnachtsmann zu finden, ist jetzt das Allerwichtigste", erwiderte Gabrielchen. „Du hattest von Anfang an recht. Ich helfe auch mit." Der gesamte Engelchenchor verfiel in lautes Jubeln, und ehe Gabrielchen einen Ersatztermin für die Probe verkünden konnte, stürmten die winzigen Wesen fröhlich und jubelnd durch die Wohnung. „Wir erleben jetzt auch ein Abenteuer!", „Wir helfen, den Bösen zu finden." „Danke, danke", sagte Kathrinchen zu der Chorleiterin und drückte ihr einen dicken Kuss auf die Wange. Dann stürmte sie ihren Freundinnen hinterher.

So wild und lebhaft war es noch nie in der Schlumann'schen Wohnung zugegangen. Die Engelchen huschten aufgeregt durch die Wohnung. Sie sprangen von Tisch zu Tisch, von Fensterbank zu Fensterbank, von Regal zu Regal und zeigten jeder Holzfigur das Bild. Doch weder der Bergmann noch die wunderschöne Engelsfrau, weder die Nussknacker noch das musikalische Sextett oder die Räuchermännchen – niemand kannte die Person auf dem Foto. Nur Arthur Grimmbart saß immer noch stirnrunzelnd in seiner Ecke. Seit ihm Kathrinchen gestern das Gesicht auf dem Foto zum ersten Mal gezeigt hatte, war er sicher, es schon einmal gesehen zu haben. „Oaber woo? Wennsch nur endlisch druff käme." Ein paar Engelchen umringten ihn und verschwanden fast in der Rauchwolke, die Arthur Grimmbart umgab. „Erinnere dich doch!", drängelten sie. „Vielleicht hilft es, wenn wir ein Lied singen?", schlugen sie vor, aber Arthur schüttelte den Kopf.

„Er kommt", rief plötzlich der Pflaumentoffel. „Und Rosalinde Veilchenduft auch!" „Jeder auf seine Position!", befahl General von Beißer. Rasch musste jeder wieder auf seinen Platz. Kreuz und quer sprangen die Holzfiguren durch das Zimmer und im Bruchteil einer Sekunde herrschte die alte Ordnung und absolute Ruhe. Unsere hölzernen Freunde hörten Schritte, dann betraten Professor Schlumann und seine Haushälterin das Wohnzimmer. „Heute kamen fünf Schulklassen auf einmal", freute sich der Professor. „Meine Freundinnen sind auch total begeistert", piepste die Haushälterin zustimmend. „Die Weihnachtssonderausstellung ist wirklich ein wunderbarer Erfolg. Meine Freundin Helga Plaudertasche hat sie schon dreimal mit ihren Enkeln besucht, weil ihr die Holztiere so gut gefallen." „Jetze habschs!", entfuhr es Arthur Grimmbart und sofort biss er sich auf die Zunge. Er musste ja schweigen. Das Qualmwölkchen aus seiner Pfeife formte ein Ausrufezeichen so groß wie ein Tannenbaum und Kathrinchen zwinkerte ihm zu.

„Was haben Sie gesagt?", fragte Professor Schlumann, der vom geheimen Leben seiner Holzfiguren keine Ahnung hatte. „Nichts", antwortete ihm Rosalinde. „Was soll ich denn gesagt haben?" Der Museumsdirektor setzte sich und Rosalinde Veilchenduft schaute ihn besorgt an. „Er arbeitet zu viel", dachte sie, und sofort fielen ihr wieder die Haare auf dem Sessel ein.

Die Puzzlestücke fügen sich zusammen

Als Rosalinde Veilchenduft die Ausstellung im Städtischen Museum erwähnt hatte, erinnerte sich Arthur schlagartig. Um seinen alten Holzkopf fit zu halten, hatte er die letzten Wochen kein Fernsehen geschaut, sondern viel gelesen, jeden Tag – genau wie es ihm der Wichteldoktor Peter Pillchen vergangenes Jahr empfohlen hatte. Nun kannte er sich gut in Politik aus, konnte sagen, welche Filme im Kino liefen, und wusste, dass es dieses Jahr weniger Babys gab. Der Räuchermann kramte nun in dem großen Zeitungsstapel. Sein Schäfchen half ihm und zog ein paar ältere Ausgaben heraus. Es raschelte eine Weile und schließlich fand Arthur, wonach er suchte. „Wusst ischs doch", grinste er zufrieden und zündete sich ein wohlverdientes Pfeifchen an.

Am 4. Dezember war Arthur Grimmbart auf einen Beitrag über die Weihnachtssonderausstellung im Städtischen Museum gestoßen. „Hier isser!", rief er und zeigte seinen Freunden Kathrinchen und Johann das Fundstück. Über dem Artikel prangte ein Foto von Professor Schlumann, der in die Kamera lachte. Hinter ihm konnte man Tiger, Elefanten oder Dromedare aus Holz sehen. Viele Leute, Kinder und Erwachsene, umringten ihn und alle klatschten und lachten. Alle? Johann von Knatterburg zückte seine Lupe und sah sich das Bild genau an. In der dritten Reihe bemerkte er einen einzigen Mann, dessen Mundwinkel nicht nach oben zeigten, sondern der verärgert dreinschaute. Sehr verärgert.

21 „Lass mich auch mal gucken", drängelte Kathrinchen und versuchte selbst einen Blick durch die Lupe zu erhaschen. Johann fiel auf, dass der Mann dieselben Augen hatte wie der geheimnisvolle Anrufer von der Eisenbahnbrücke. Sie waren rot und funkelten böse. „Arthur, das ist eine tolle Spur", klopfte Johann dem Räuchermann anerkennend auf die Schulter.

Der Nussknackerdetektiv dachte an den Abend in Thorolfs Hütte. Von genau solchen Augen hatte ihm auch der rotbärtige Wichtel Siggi Sauerteig erzählt. Siggi arbeitete in der Bäckerei des Wichteldorfes und bei einem Waldspaziergang hatte er einen Unbekannten getroffen. Mit einem dunklen Mantel und den Hut tief ins Gesicht gezogen. „Wos mochst de du hier droßen?", hatte der Wichtel gefragt. Der Fremde sagte, er sei Gewürzhändler und habe eine Spezialmischung, die alles viel leckerer mache und sicher allen Wichteln und Rentieren sehr gut schmecken würde. Um seine Freunde und den Weihnachtsmann zu überraschen, hatte der Wichtel die Kräutermischung gekauft. Er hatte sie in den Teig für die Frühstücksbrötchen gemischt und auf das Rentierfutter gestreut. Was dann geschah, ist bekannt. Das ganze Wichteldorf schlief ein und der Weihnachtsmann wurde entführt. Johann lehnte sich zurück. Es war so klar wie ein kalter Wintermorgen. „Der Unbekannte im Museum, der Autofahrer unter der Eisenbahnbrücke und der geheimnisvolle Gewürzhändler – es handelt sich immer um denselben Mann." „Das muss Josefine erfahren", sagte Kathrinchen und hüpfte davon.

Rauchzeichen

Der Pflaumentoffel trommelte alle Räuchermänner, Nussknacker und Engel-chen zusammen – auch den Bergmann und den Engel, ebenso das musikali-sche Sextett und die Männlein von der Pyramide. Seit sie ohne ihre Pyramide waren, liefen sie immer unruhig im Kreis und versuchten, sich mit Fencheltee zu beruhigen. Der Pflaumenmann rückte seinen schwarzen Zylinder gerade und sprach: „Liebe Freunde, wie ihr alle wisst, arbeitet Johann von Knatter-burg seit Anfang Dezember an einem sehr kniffligen Fall. Jetzt hat unser Nussknackerdetektiv einen Verdächtigen, der vermutlich auch hier – in unse-rer kleinen Stadt – sein Unwesen treibt." Johann, der schüchtern neben dem Toffel stand, nickte zustimmend. Als Kathrinchen ihn mit einem „Jetzt du!" anstupste, zeigte er allen noch einmal das Foto. „Also, hier seht ihr ihn. Be-sonders auffällig sind die Augen. Wie genau alles zusammenhängt, weiß ich noch nicht. Die Zeit läuft uns aber davon und deshalb müssen wir diesen Kerl schnellstmöglich aufspüren." Der Pflaumentoffel ergriff erneut das Wort: „Nachdem schon meine fliegende Weihnachtspyramide äußerst nützlich für unseren Nussknackerdetektiv war, habe ich mir noch etwas überlegt." Der Tof-fel zeigte auf die Räuchermännchen. „Diesmal brauchen wir vor allem euch." Während die Pyramidenmännlein erleichtert aufatmeten, fiel den hölzernen Vo-gelfängern, Lehrern und Schustern zuerst vor Schreck fast die Pfeife aus dem Mund. Was sollten sie tun? Der Pflaumenmann erklärte seinen Plan und – welch Überraschung! – die Räuchermänner stimmten begeistert zu. „Ä ganss doller Eenfoll", lobte Arthur Grimmbart. General von Beißer hingegen wirkte

zerknirscht. „Werden wir Holzsoldaten denn gar nicht mehr gebraucht?",
murrte er und kaute missmutig auf einer Nuss.

In den nächsten Stunden geschah etwas in unserer kleinen Stadt, was es so
noch nie gegeben hatte. Der Toffel öffnete das Fenster und die Räuchermännchen setzen sich – trotz eisiger Kälte – auf das Fensterbrett. Sie bliesen ihre
Rauchwolken ins Freie. Die Rauchwolken sahen aber nicht aus wie normale
Wölkchen. Nein!

22 Sie ähnelten dem Gesicht des gesuchten Mannes. Ohne Pause hauchten sie das Suchbild hinaus in die dunkle Nacht. Wenn einem Räuchermann von den vielen Räucherkerzen schlecht wurde, nahm ein anderer seinen Platz ein und paffte, bis er nicht mehr konnte. „Is ja für nen gudden Zweck", hustete Arthur und stopfte sich sein zwanzigstes Pfeifchen. Es dauerte nicht lange und dann passierte das, was der Pflaumentoffel gehofft hatte. Räuchermännchen in anderen Wohnungen sahen die Botschaft und fingen an, sie ebenfalls per Qualmwolken weiterzuverbreiten. So gelangte die Nachricht, dass der Weihnachtsmannentführer gesucht wurde, von einem Fenster zum nächsten. Räuchermänner, Nussknacker, Engel und Bergmänner in jeder Straße und Gasse erfuhren davon. Die Suchmeldung wanderte qualmenderweise von Haus zu Haus, von Straße zu Straße, von Stadtviertel zu Stadtviertel. Die Menschen, die nichts von dem geheimen Leben ihrer Holzfiguren ahnten, blieben verwundert stehen. Auf der Straße gab es sogar einen Stau. Die Leute stiegen aus den Autos aus und schauten verwirrt gen Himmel. Wo kam der ganze Nebel her? Und warum roch es so herrlich und wunderbar nach Weihnachtszeit?

Nach und nach antworteten die Räuchermännchen der anderen Wohnungen. Johann von Knatterburg, unser Detektiv, und Kathrinchen Zimtstern beobachteten und übersetzten die Rauchnachrichten, die ankamen. „Kennen wir nicht." „Nie gesehen." „Unbekannt." Qualmwolken in Form von Fragezeichen. Nichts. Kein einziger hilfreicher Hinweis. Unsere Freunde wollten schon fast enttäuscht aufgeben und das Fenster schließen, als Kathrinchen auf etwas zeigte: „Was ist das?" Ihre Flachshaarzöpfe wippten auf und ab. Unsere Holzfreunde mussten dreimal hinsehen, um zu entdecken, was das kleine Engelchen meinte. Durch den nächtlichen Himmel waberte ein Weihrauchwölkchen, das aussah wie ein Vogel. Ein Vogel mit langem Hals. Eine Gans oder ein Ganter. „Das ist Sergej", stellte Josi aufgeregt fest. Weitere Wölkchen folgten – eines ähnelte einem Lautsprecher, ein anderes erinnerte an einen Stadtplan. Mit einem Kreuz! „Sie haben zwar nicht unseren Unbekannten gesehen, aber sie beschweren sich über Gänsegeschnatter", entschlüsselte Johann die Zeichenkombination. „Das ist eine heiße Spur!" General von Beißer schob die Räuchermännchen auf der Fensterbank beiseite und sah sich das Signal an. „Genug gequalmt", polterte er und zog seine Uniform straff. „Jetzt sind wir dran!" Er bleckte seine großen Zähne und rief seinen Soldaten zu: „Nussknacker! Mir folgen! Zur Weihnachtsmannbefreiung, marsch, marsch!" „Wartet doch!", rief Johann seinen Holzkameraden zu. „Wir müssen vorsichtig sein." Sie hörten ihn nicht mehr. „Hinterher", schubste ihn Kathrinchen an. „Los, los." Unter Gabrielchen Stimmgabels entsetzten Augen hüpfte nun auch der ganze Engelchenchor hinaus in die nächtliche Stadt.

Ein Traum wird wahr

Als General von Beißer und seine Holzsoldaten ihr Ziel erreichten, staunten sie nicht schlecht. „Abteilung – Halt!", befahl der Nussknackergeneral und die Soldaten blieben stehen. Vor ihnen ragten die Umrisse des Städtischen Museums in den Nachthimmel. Eine Wolke schob sich vor den Mond und warf gespenstige Schatten auf den Ort, an dem tagsüber Professor Schlumanns Holztierausstellung die Gäste und Bewohner unserer kleinen Stadt erfreute.

Das Geschnatter von Sergej Schnatterow drang aus einem angelehnten Dachfenster, das über den Ausstellungsräumen lag. „Wir müssen in das Museum kommen", sagte General von Beißer. „Fähnrich von Steinhart und Gefreiter Knackowsky übernehmen die Südseite, Oberst Nuss und Unteroffizier Haselbruch die Nordseite, der Rest und ich das Hauptportal", ordnete er an. Dann gab er den Befehl: „Zum Angriff. Attacke, fertig, los!" Die Holzmänner zückten ihre Gewehre und Schwerter und stürmten davon.

Inzwischen kamen auch Kathrinchen, Josi, Johann und der Engelchenchor an. Sie standen atemlos vor dem Museum. Vor dem imposanten Gebäude wirkten die Engelchen in ihren weißen Kleidchen noch winziger als sonst. Mit offenen Mündern schauten sie nach oben. Aus dem Dachfenster schimmerte Licht und jemand huschte hin und her. „Wir sollten wieder nach Hause gehen", jammerte Gabrielchen Stimmgabel verzweifelt. „Das geht jetzt wirklich viel zu weit".

Die einzelnen Nussknackertrupps kehrten inzwischen nach und nach zurück. Die stolzen Holzsoldaten ließen die Köpfe hängen. „Was ist passiert?", fragte Johann General von Beißer. Der knurrte nur wütend: „Wir kommen nicht hinein. Alle Eingänge sind verschlossen und selbst die größten Nussknackerzähne können die Schlösser nicht öffnen. Dieses Museum scheint eine uneinnehmbare Festung zu sein." Um seinen Worten mehr Wirkung zu verleihen, nahm er ein letztes Mal Anlauf und warf sich mit voller Wucht gegen das hölzerne Hauptportal. Es plauzte kurz und heftig. Der Nussknackergeneral lag im Schnee und rieb sich seinen brummenden Holzkopf. Das Portal blieb zu.

„Johann", raunte Kathrinchen ihrem Freund zu, „erinnerst du dich noch an den Wolf?" Der Nussknackerdetektiv nickte. Das Engelchen sah ihn verschwörerisch an. „Ich habe meinen Rucksack dabei – und es sind noch ein paar Krümel Pulver ‚Flieg-wie-nix' darin." Dem Nussknacker blieb der Atem weg. „Oh, und du meinst ... ?" „Genau!", nickte Kathrinchen entschlossen. „Sonst stehen wir die ganze Nacht vor verschlossenen Türen." Die beiden weihten flugs Nussknackergeneral von Beißer ein. Im Nu vergaß er seinen brummenden Schädel und strahlte vor Glück. „Davon träume ich seit dem 5. Dezember!"
Die kleinen Engelchen aus dem Chor zuckten zusammen. Laut wie nie erschallte General von Beißers Stimme: „Männer in Reih und Glied stillgestanden. Fertig machen – zum Fliegen." Er nahm Kathrinchen an die Hand und schritt mit ihr an den Nussknackersoldaten vorbei. Jeden einzelnen bestäubte der kleine Engel mit dem Zauberpulver aus dem Norden. Drei Krümelchen gab es pro Holzmann. Als Letzte kamen Johann und General von Beißer selbst an die Reihe. Die Zähne des Generals blinkten vor Stolz. Auf das Kommando „Hebt ab!" stießen sich die Holzsoldaten vom Boden ab und schwebten dem Dachfenster entgegen. Immer deutlicher hörten sie Sergejs Gezeter, das nach draußen drang.

Die Holzmänner vergaßen vor lauter Glück ihre Ehre und Disziplin. Sie johlten vor Begeisterung, die ersten fliegenden Nussknacker aller Zeiten zu sein. Ihr Jubel blieb nicht unbemerkt und aus dem Dachfenster schielten zwei rote Augen. „Ich bin entdeckt", fluchte der Unbekannte. „Aber kommt ihr nur! So leicht erwischt ihr mich nicht." Der Mann spähte ein zweites Mal nach draußen. Vor dem Haupteingang standen nur Kathrinchen Zimtstern und ein winziger Engelchenchor mit Flachshaarzöpfchen. „Ha, ha, mit euch habe ich ein leichtes Spiel!" Der Unbekannte lachte boshaft. Während die Nussknacker siegesgewiss in Richtung Dachfenster schwebten, eilte er die Treppen des Museums hinab.

Am Ziel

Der neue Tag hatte die Nacht vertrieben und klares Wintermorgenlicht ließ den Schnee funkeln und glitzern. Vor dem Hauptportal des Städtischen Museums lag der Assistent von Professor Schlumann. Hagen Haarig war eingeschnürt und gut verpackt wie ein Weihnachtsgeschenk. „Das hält", befand der Wichtel Helge Hektikmacher und zurrte den letzten Knoten fest. Helge Hektikmacher, Sören Wollstrumpf und Thorolf Weißbart hatten gestern entschieden, notfalls auch ohne den Weihnachtsmann die Geschenke zu verteilen. Auf dem Rentierschlitten verließen sie das Wichteldorf und kamen just in dem Moment in unserer kleinen Stadt an, als Hagen aus dem Museum fliehen wollte. Kurz entschlossen warfen die Wichtel ein Netz über ihn und schwupps war er gefangen. „Der Weihnachtsmannentführer ist geschnappt, der Weihnachtsmannentführer ist geschnappt", jubelten Kathrinchen Zimtstern und die anderen Engelchen. Sie kletterten jetzt auf dem gefesselten Mann herum und zupften ihn übermütig an den Augenbrauen oder an der Nase. Sie kicherten und jauchzten. „Runter mit euch", schimpfte Gabrielchen Stimmgabel. „Mit Verbrechern spielt man nicht."

Zufrieden sah sich der Nussknackerdetektiv Johann von Knatterburg das ungewöhnliche Paket an. Neben ihm und den anderen Nussknackern standen der Ganter Sergej Schnatterow, ein Hase, ein Storch – und der Weihnachtsmann. „Ich wusste, dass ihr uns aus der Dachstube befreien würdet",

sagte der weißbärtige Mann und knöpfte seinen roten Mantel zu. Eine Freudenträne lief ihm die Wange herab, während er jedem Holzsoldaten dankend die Hand schüttelte und seine Wichtel umarmte. „Sie Kulturbanause, schnak, schnak", schnatterte Sergej und watschelte mit aufgeplustertem Gefieder um den gefangenen Entführer herum. „Das geschieht Ihnen recht. Das haben Sie davon, einfach so meine Ballettaufführungen zu stören, schnak, schnak."

Josi gab Johann einen Stupser mit der Schnauze. Vor einem Monat war das Rentiermädchen in der Schlumann'schen Wohnung aufgetaucht und hatte unsere Holzfreunde um Hilfe gebeten. Wer weiß, wie alles ohne den Nussknackerdetektiv Johann von Knatterburg und Kathrinchen Zimtstern ausgegangen wäre? „Es gibt aber ein paar Dinge, die ich nicht ganz verstehe", sagte das Rentier. „Warum hat Hagen Haarig überhaupt den Storch, den Hasen, Sergej und vor allem den Weihnachtsmann entführt?", wollte es wissen. „Das soll er uns selbst erzählen", lächelte der Nussknackerdetektiv Johann, der die Lösung längst kannte. Hagen Haarig zog die Augenbrauen nach oben. „Du dummes Rentier", knurrte er Josefine an. „Dich wollte ich! Von Anfang an. Das mit dem Weihnachtsmann war nie geplant." „Wie bitte?" Josi sah den Bösewicht ungläubig an und Hagen Haarig begann mit seinem Geständnis.

„Seit ich ein Kind war, träume ich davon, selbst einmal Museumsdirektor zu sein. Stattdessen musste ich als Gehilfe von Professor Schlumann schuften und Holztiere sortieren oder Vitrinen beschriften. Lächerlich! Dieses Jahr beschloss ich, etwas zu ändern und meine eigene Sammlung zu präsentieren – mit echten und außergewöhnlichen Tieren aus aller Welt." Hagen Haarig legte seinen Mundwinkel schief und zeigte auf Josefine. „Du standest zum Beispiel auf meiner Liste, weil du das Rentiergespann des Weihnachtsmanns anführen solltest." Hagen berichtete, wie er im Herbst in den hohen Norden gereist war und von den Trollen ein Schlafmittel bekommen hatte, im Tausch gegen seine Armbanduhr. Als Gewürzhändler getarnt, verkaufte er das Mittel an Siggi Sauerteig. Der rotbärtige Wichtel betäubte damit aus Versehen das gesamte Weihnachtsdorf. „Ich wollte dich entführen, aber dummerweise konnte ich dich nirgends finden", erklärte der Bösewicht und schnaubte wütend. Josefine verstand das nicht – sie war doch damals im Wichteldorf gewesen. Warum hatte Hagen sie nicht entdeckt? Fragend sah das Rentier zuerst Hagen Haarig, dann Johann an. Der Nussknackerdetektiv lächelte wissend: „Erinnere dich doch, Josi! Weil du das erste Rentiermädchen überhaupt an der Spitze des Gespanns sein solltest, bist du vor Freude viel zu wild und hoch herumgesprungen. Dabei hattest du dir an einem Ast das Geweih angeknackst und musstest ein paar Tage ins Wichtelkrankenhaus." Hagen Haarig zog zornige Falten. Davon hatte er nichts gewusst und daher ratlos im Stall gestanden. Im Krankenhaus hatte er nicht nach Josi gesucht. Weil er nicht mit leeren Händen abreisen wollte, schnappte er sich kurz entschlossen den Weihnachtsmann. Die Trolle beauftragte er, auf das Wichteldorf aufzupassen, und so zerstörten Rabatzel und Rumbuffel auch später den Weihnachtspyramiden-Hubschrauber.

Der Museumsassistent war unterdessen in unsere Stadt zurückgekehrt. Und während er so tat, als würde er arbeiten, setzte er heimlich sein Vorhaben, außergewöhnliche Tiere zu fangen, fort. Auf seiner Liste stand als Nächstes der Klapperstorch. Er machte keine Probleme. Die Hebammen wunderten sich zwar über weniger Babys, aber ansonsten schöpfte niemand Verdacht. Nur dem Osterhasen mit seinen langen Lauschern entging nicht, dass etwas Seltsames passierte und jemand besonderen Tieren auf den Fersen war. Kurz bevor er selbst geschnappt wurde, schickte er dem Nikolaus eine Warnung für Josefine. Kathrinchen Zimtstern wippte auf ihren Beinchen hin und her. „Wie ging es weiter?", fragte das Engelchen neugierig. Hagen Haarig fuhr fort. „Als ich bemerkte, dass Josefine in der Stadt war, wollte ich zwei Fliegen mit einer Klappe schlagen. Ich lockte das Rentier und den Ganter Sergej Schnatterow gleichzeitig zur Eisenbahnbrücke. Andere Gänse waren ja zu der Zeit nicht mehr zu bekommen." Er verdrehte die Augen. „Dummerweise vermasselte mir dieser Steffen Blitzlicht meinen schönen Plan." Dann gähnte er laut. Vor lauter Entführungen hatte Hagen Haarig kaum geschlafen und rote Augen bekommen.

„Du solltest dich dringend ausruhen", meinte der Weihnachtsmann zu seinem Entführer und der Verwaltungswichtel Helge Hektikmacher grinste: „Ich weiß auch schon, wo! Der Polizist Paul Pfeffersack hat auf seinen Wunschzettel geschrieben, dass er in diesem Jahr eine ruhige Adventszeit haben und kein Verbrechen lösen will. Aber über einen neuen Gast im Städtischen Gefängnis freut er sich bestimmt trotzdem." „Eine hervorragende Idee", nickte der Weihnachtsmann und zwinkerte Hagen Haarig zu.

Wenig später erwähnte der Klapperstorch etwas von dringend nötigen Überstunden,sagte eilig Lebewohl und flatterte zügig Richtung Hebammenstation davon. Der Weihnachtsmann und seine Wichtel bestiegen den Schlitten. „Ihr kleinen Helden kommt mit mir", sagte der gute Gabenbringer und so kletterten Kathrinchen, Johann, General von Beißer sowie die Nussknacker und der Engelchenchor auf den Kutschbock. Josefine strahlte, denn nun würde sie wirklich an der Spitze des Gespanns sein – so, wie sie es sich erträumt hatte. Mit einem lauten „Hoho" erhob sich der voll beladene Rentierschlitten in die Luft und unsere Freunde winkten Sergej Schnatterow und dem Osterhasen zum Abschied zu. „Frohes Fest, schnak, schnak", hörten sie den Ganter schnattern, während die Häuser unter ihnen immer kleiner und kleiner wurden.

Am Abend schwang Gabrielchen Stimmgabel in der Schlumann'schen Wohnung zufrieden ihren Taktstab und der Engelchenchor sang fröhliche Weihnachtsmelodien. Trotz vieler ausgefallener Proben klangen die Lieder heiter und wunderschön – und selbst Kathrinchen Zimtstern stand ganz brav in der ersten Reihe und trällerte ausgelassen mit. Die Nussknacker bekamen von General von Beißer Orden für ihren historischen Flug an die Brust gesteckt und die Räuchermännchen pafften zufrieden ihre Pfeifchen mit frischen Räucherkerzen. „Scheen is das", meinte Arthur Grimmbart, streichelte sein Schäfchen und blies genüsslich ein Wölkchen an die Decke. Johann von Knatterburg, der Nussknackerdetektiv, hatte die bisher härteste Nuss seines Lebens erfolgreich geknackt. Zur Belohnung gab ihm Laura Lindenholz, die schöne Engelsdame, einen liebevollen Kuss. Der Bergmann und der Engel lächelten den beiden zu. Noch glücklicher als Johann waren an diesem Abend wohl nur die Holzmännlein, die ihre

Pyramide für den Hubschrauber geopfert hatten. Der Weihnachtsmann hatte ihnen eine neue gebracht und nun drehten sie bei Kerzenschein ihre Runden, ganz so, wie es sich für den Weihnachtsabend gehört.

„Sie kommen, sie kommen!", rief der Pflaumentoffel und schlagartig waren alle Holzfiguren mucksmäuschenstill. Professor Schlumann und Rosalinde Veilchenduft betraten das Wohnzimmer. Warum seine Haushälterin ihm Haarwuchsmittel geschenkt hatte, verstand der Professor nicht, aber er freute sich, dass sie ihm bald auch im Museum helfen würde. Als Ersatz für Hagen Haarig. „Hach, ich bin schon ganz aufgeregt, wenn ich nur daran denke", piepste Rosalinde in ihrem rosa Pullover. „Wissen Sie denn schon, was Sie nächstes Jahr im Museum zeigen, Herr Professor?" Der Direktor richtete seinen Blick auf ein Regal. „Vielleicht diese kleinen Kostbarkeiten da?", überlegte er und zeigte auf den Chor. „Diese Flachshaarengelchen sollen ja auch mal etwas erleben." Gabrielchen Stimmgabel zuckte nur bei dem Gedanken zusammen. Über Kathrinchen Zimtsterns Gesicht hingegen huschte ein verschmitztes Lächeln. Vorfreude, schönste Freude.

Der Professor und seine Haushälterin machten es sich gemütlich. Die Glocken der nahe gelegenen Kirche läuteten den Heiligen Abend ein, Weihrauchduft zog durch die Stube und leise rieselte draußen der Schnee. Der befreite Weihnachtsmann rauschte mit dem Rentiermädchen Josefine am Himmel entlang und eine friedliche und stille Nacht umhüllte unsere kleine Stadt.

Danke

Unsere hölzernen Freunde schlafen inzwischen wieder tief und fest auf dem Dachboden. In den Werkstätten, in denen sie entstanden sind, bereiten sich die Spielzeugmacher und Kunsthandwerker jedoch schon auf die nächste Adventszeit vor. Bei ihnen allen sowie dem Verband Erzgebirgischer Kunsthandwerker und Spielzeughersteller möchte ich mich ganz herzlich für ihre Unterstützung bedanken – ganz besonders bei Kerstin Drechsel von den Werkstätten Flade, ohne die dieses gemeinsame Projekt nicht möglich geworden wäre. Dank gebührt auch Gunter Springsguth, der bereits zum zweiten Mal mit seinen Illustrationen eine ganz besondere Atmosphäre schafft, und Ina Schirmer sowie Lucie Bartholomä, die nicht nur mich mit ihrem Kathrinchen-Zimtstern-Lied verzauberten. Bedanken möchte ich mich auch beim Team des Husum Verlags für die gute Zusammenarbeit, bei Esther Mahr, Leander Wattig und vor allem bei meinem Studienfreund Hagen Reißmann. Mit ihm gemeinsam entwickelte ich vor mehr als zehn Jahren die Grundidee zu dieser Geschichte.

Ohne Fantasie kann man keine Adventsabenteuer schreiben. Mit viel Dankbarkeit erinnere ich deshalb an meinen Vater, der mir als Kind die Erzgebirgstraditionen näherbrachte und meine Vorstellungskraft beflügelte. Gleiches gilt für meine Mutti, die mir auch bei diesem Buch mit Rat und Tat sowie guten Ideen zur Seite stand, genauso wie meine Oma und meine Nichte Catharina. Ohne das Lächeln meiner Frau hätte ich wahrscheinlich keine Zeile geschrieben. Dank gebührt auch meiner restlichen Familie, vielen Unterstützern in Buchläden oder Kunsthandwerksgeschäften – vor allem aber auch den zahlreichen Grundschullehrerinnen, Kindergärtnerinnen oder Bibliotheksmitarbeitern, die „Kathrinchen" vorgelesen oder weiterempfohlen haben. Ganz besonders sei hier Ute Kretzschmar genannt, die den alles entscheidenden Anstoß gegeben hat, dass meine Geschichten nicht in der Schublade blieben.

Umschlaggestaltung unter Verwendung von Motiven aus dem Buch

Bibliografische Informationen der Deutschen Nationalbibliothek
Die Deutsche Nationalbibliothek verzeichnet diese Publikation in der Deutschen Nationalbibliografie; detaillierte bibliografische Daten sind im Internet über http://dnb.dnb.de abrufbar.

2. Auflage 2023
© 2014 by Husum Druck- und Verlagsgesellschaft mbH u. Co.KG, Husum
Illustrationen und Gestaltung: Gunter Springsguth
Druck: Husum Druck- und Verlagsgesellschaft
Postfach 1480, D-25804 Husum, www.verlagsgruppe.de
ISBN 978-3-89876-745-3